VAI AMANHECER OUTRA VEZ

Tradução:
Marcos Ramos

Revisão e Editoração Eletrônica:
João Carlos de Pinho

Direção de Arte:
Luiz Antonio Gasparetto

Capa:
Kátia Cabello

1ª edição
7ª impressão
Março • 2008
5.000 exemplares

Publicação, Distribuição
Impressão e Acabamento:
CENTRO DE ESTUDOS
VIDA & CONSCIÊNCIA EDITORA LTDA.

Rua Agostinho Gomes, 2312
Ipiranga • CEP 04206-001
São Paulo • SP • Brasil
Fone / Fax: (11) 6161-2739 / 6161-2670
E-mail: grafica@vidaeconsciencia.com.br
Site: www.vidaeconsciencia.com.br

RICKY MEDEIROS

VAI AMANHECER OUTRA VEZ

EDITORA GRÁFICA VIDA & CONSCIÊNCIA

Sumário

Prefácio

Este é um livro escrito com a ajuda e inspiração de espíritos que possuem mais sabedoria, luz e discernimento do que eu. E, já que todos os personagens deste livro são espíritos, é melhor esclarecer algumas coisas desde o início.

Em primeiro lugar, não existem espíritos masculinos ou femininos. Nós usamos personalidades masculinas ou femininas dependendo do que tentamos executar em nossas encarnações terrestres.

Além disso, espíritos não "dizem", "exclamam", sacodem os ombros, acenam, sorriem, choram ou gargalham.

Nós fazemos essas coisas em nossos corpos físicos para comunicação aqui na Terra.

Espíritos não são altos, baixos, gordos, carecas, louros, morenos ou ruivos. Eles nem sequer têm nomes.

Na Terra, usamos nomes para nos distinguirmos uns dos outros. Em espírito, uma vez que evoluímos, entendemos que não é necessário nos distinguirmos, porque somos todos um só.

Em espírito, não existe tempo. Dias, semanas, meses ou anos não existem porque o tempo é um ciclo em que tudo pode ocorrer simultaneamente.

Mas na Terra existe tempo. Nós temos o sol nascendo e se pondo para marcar o início e o fim de cada dia. Enquanto este livro já está completo no plano espiritual da vida, ainda está sendo escrito para nós no plano terrestre. É por isso que tomei a liberdade de dar corpos aos espíritos. Eles suspiram, gargalham, choram, soluçam e sorriem. Eles são jovens, velhos, morenos, louros, homens ou mulheres, baixos, gordos, carecas.

Mais que isso, eles têm nomes.

Você poderia imaginar como seria incompreensível esta história se eu escrevesse:

"*A energia transmitiu seus pensamentos para a outra energia e as duas estavam em completa harmonia e acordo.*"

Não apenas seria confuso, mas também o livro mataria você de tédio. Você provavelmente o deixaria de lado e nunca mais o abriria. Nem meus guias espirituais nem eu gostaríamos que isso acontecesse.

Finalmente, este livro faz referências ao tempo, e isso não é apenas para deixar a leitura mais fácil. É porque o tempo está acabando. Um Novo Tempo, uma Nova Era está chegando.

1

Uma historinha antes do livro

Aqueles que leram A PASSAGEM, QUANDO ELE VOLTAR e PELO AMOR OU PELA DOR lembram que comecei esses livros com uma curta história sobre Joe, meu falecido irmão.

Este livro, VAI AMANHECER OUTRA VEZ, também começa com uma história curta, que, embora Joe continue sendo meu guia e mentor espiritual, não é sobre ele.

No entanto, assim como as outras, esta história também é verdadeira. Foi relatada por um amigo meu, chamado Kevin McLaughlin. Fomos colegas de faculdade, nos formamos na Universidade de Syracuse, Nova York. Eu havia falado a ele sobre espiritismo, vida após a morte, reencarnação, carma e as experiências que tive com uma médium, a Sra. Margaret Tice.

Sendo católico, Kevin tachou tudo isso de "bobagem", dizendo que eu devia parar de "me entregar a essa besteira" porque a Igreja desprezava "esse tipo de coisa". Nem preciso dizer, eu continuei "me entregando". Com o passar dos anos, mantive Kevin informado sobre os livros que escrevi.

Poucos dias depois do 11 de Setembro, enviei-lhe um e-mail perguntando se estava tudo bem com ele, já que Kevin mantinha alguns negócios no distrito financeiro de Manhattan.

Dias depois, ele respondeu dizendo que estava bem. Mas acrescentou:

— Daqui a alguns dias, quando eu me acalmar, vou lhe mandar uma história que só você vai entender.

Uma semana depois, recebi por e-mail a tal história.

Kevin começou dizendo que o que ele ia me contar era a mais absoluta verdade.

— Não é boato, nem uma dessas histórias que o povo conta. O que vou descrever aconteceu com Carlos, que é casado com minha prima Kathy.

Carlos, explicou Kevin, trabalha no coração financeiro de Manhattan. Seu escritório ficava a poucas quadras das Torres Gêmeas do World Trade Center. Em 11 de setembro de 2001, Carlos, como sempre fazia, tomou o trem que ia de Nova Jersey, onde morava, para Manhattan. Ele tinha uma reunião às nove da manhã na Torre Norte.

Assim que o trem deixou para trás o céu limpo e azul daquela manhã trágica e adentrou a escuridão abafada do túnel que passa sob o rio Hudson, Carlos lembrou que tinha de passar em seu escritório. Na noite anterior ele havia separado alguns documentos para a reunião daquela manhã.

Carlos olhou para o relógio: 8h15. Tudo ia conforme o planejado, pensou. Havia tempo de sobra para passar pelo escritório, pegar os papéis e ir para a reunião.

O trem parou na estação. Carlos saltou e rapidamente andou as poucas quadras até seu escritório, onde abriu sua escrivaninha, esperando encontrar os documentos que havia guardado ali na noite anterior.

Não estavam lá. Ele abriu todas as gavetas da escrivaninha.

Nada dos papéis.

Ele abriu todas as gavetas de seu arquivo.

Nada dos papéis.

Ele ainda procurou dentro do cesto de lixo. Os documentos simplesmente sumiram.

Ele lançou os olhos no relógio: 8h30. O tempo estava se esgotando. Ele ia se atrasar. Tinha de ir ao World Trade Center sem os papéis que havia separado tão cuidadosamente.

Nervoso e aborrecido consigo mesmo por causa dos documentos perdidos, Carlos saiu de seu pequeno escritório, trancando a porta atrás dele. Mas ali no corredor, a caminho do elevador, ele encontrou seu pai. O homem estava agitado. Ele não queria que seu filho fosse à reunião e fez de tudo para manter Carlos longe de seu compromisso das nove da manhã.

— Não vá, Carlos, não vá — insistia o homem.

Quando Carlos contou a Kevin esta história, ele disse que ver seu pai tinha lhe impressionado tanto que ele chegou a sentar no chão do corredor. Ele sabia que a reunião era muito importante, mas ali no corredor do prédio de seu escritório seu pai alertava enfaticamente: "Não vá, Carlos, não vá!"

Carlos levantou-se e saiu do prédio em busca de ar fresco. Olhou para o relógio: eram 8h45.

Ele ainda conseguiria chegar à reunião, mesmo sem os papéis. Mas seu pai havia alertado tão sonora e determinadamente: "Não vá, Carlos, não vá".

Ele ouviu uma explosão. Às 8h46 o primeiro avião tinha golpeado a Torre Norte do World Trade Center.

Meu amigo Kevin finalizou dizendo:

— Esta teria sido apenas uma história qualquer sobre um destino mudado por cinco minutos a mais ou a menos, exceto por uma coisa: o pai de Carlos morrera seis meses antes disso.

Kevin, que antes pensava que a comunicação com espíritos era um monte de bobagens, agora pensa diferente.

Aquele dia, 11 de setembro, foi descrito como uma "tragédia sem sentido". Os filhos, esposas, mães, pais, maridos e amigos de todos aqueles que morreram vão sentir sua perda pelo resto de suas vidas, e os traumas causados por aquele dia sombrio vão ecoar através do planeta por anos a fio.

Mas sem sentido?

Se você acredita que a vida termina com a morte, então foi sem sentido. Aliás, se você é dos que acreditam que "quando morrer, está morto", *nada* faz sentido.

Talvez você acredite que vivemos nossa vida e, quando ela acabar, haverá o chamado julgamento final, quando seremos sentenciados ao paraíso ou ao inferno por toda a eternidade. Neste caso, os eventos de 11 de setembro ainda não fazem sentido.

Uma garota de quatro anos de idade chamada Juliana era

uma passageira em um dos aviões que explodiram no World Trade Center. Que sentido teria sua curta vida se seu único objetivo fosse conquistar uma vaga no céu ou, falhando, no inferno? É correto uma criança de quatro anos ser julgada da mesma forma que alguém de quarenta?

Mas, se você acredita que a vida não é uma passagem só de ida para o céu ou para o inferno, mas sim parte de um processo contínuo de aprendizagem, crescimento e desenvolvimento, então o 11 de Setembro e outros eventos na história da Terra podem ser vistos de uma forma clara e cristalina.

Se você entende que nada acontece por acaso e que toda ação tem uma reação, o 11 de Setembro e muitos outros eventos históricos começam a fazer sentido.

Se você sabe que nós, como espíritos individuais, evoluímos e nos desenvolvemos através de circunstâncias e eventos que acontecem ao nosso redor, então aquele horrível dia de violência está cheio de um novo significado.

Naquele dia trágico em Nova York, o Universo permitiu que um pai alertasse o filho. O universo mandou um sinal.

Mas ele manda sinais constantemente. Como você verá, o que ocorreu em 11 de setembro foi um de seus sinais.

Estou certo disso, assim como tenho certeza de que este livro é um outro sinal. Espero que VAI AMANHECER OUTRA VEZ entre em seu espírito como uma luz suave e constante que abra sua percepção para as mudanças que acontecem ao nosso redor e que isso ajude a preparar você para essas mudanças. Mas, como Carlos, você pode ouvir um falecido pai no corredor de seu prédio ou pode descer as escadas de sua vida sem prestar atenção.

Como sempre, a escolha é sua.

Muitos apontaram aquele terrível dia em Nova York como o início do fim. "Logo", disseram, "as profecias se cumprirão." Eu não sou um profeta, vidente ou visionário. Posso apenas escrever o que vem até mim, e escrevo este livro com uma grande certeza: o mundo, como nós o conhecemos, está mudando. Por isso começo este livro com uma história sobre 11 de setembro. Mas aquele dia não é o início do fim, *porque não existe um fim*.

2
Introdução

"Depois de encaixar o pino A no orifício B, cuidadosamente mova a entrada D em paralelo com a entrada C e conecte a parte F com a parte E."

Parece familiar, não é? Todos nós já lidamos com uma das pragas da civilização moderna: o manual de instruções. Quantas vezes já fomos humilhados pelos brinquedos, móveis ou aparelhos "fáceis de montar"? Quantas vezes tivemos de abrir caminho em meio a diagramas incompreensíveis que mostram como "encaixar o pino A no orifício B", apenas para chegar a alguma coisa que não se parece nem funciona com o modelo que vimos na loja?

E o que são aquelas peças sobrando?

A vida é mais ou menos assim. Quando pensamos que temos todas as respostas, descobrimos que ainda há muito para aprender. E, acima disso tudo, nós não temos um manual de dez páginas nos mostrando como "encaixar o pino A no orifício B".

O que nós temos, enquanto evoluímos, é uma porção de regras e restrições: faça isso, faça aquilo, não faça isso e não faça aquilo. Essas chamadas regras e restrições, que atravessam gerações, refletem nossa necessidade e desejo por guias e disciplinas.

Mas, e esse é um importante "mas", esta esfera chamada Terra está mudando. Pode não parecer, mas, como tudo na vasta e desconhecida Criação, a Terra está evoluindo. Esta vibração está no limiar de uma Nova Era e muitas de nossas idéias e crenças sobre o certo e o errado simplesmente não fazem mais nenhum sentido.

Será este livro um manual de instruções? Irá ele mostrar como "encaixar o pino A no orifício B"?

Temo que não. Essas coisas precisam ser descobertas por todos e por nós mesmos, porque agora, mais do que nunca, é importante para nós usar nosso livre-arbítrio para lidar com as novas realidades que afloram no plano terrestre.

Nada é por acaso! Nós estamos aqui por uma razão.

Embora este livro não instrua como inserir "o pino A no orifício B", ele vai ajudar a descobrir onde está seu único e próprio "pino A" e como ele cabe em seu único e próprio "orifício B". Entretanto, como encaixá-los é com você; não há como ser de outro jeito.

No final de alguns capítulos, haverá um curto exercício. Alguns desses exercícios serão meditações. Experimente-os. Eles foram idealizados para ajudar a despertar em você o brilho do pensamento e o significado de nossa verdadeira natureza.

Eles não são complicados. Mas também não espere por algo sobrenatural ou uma experiência fora do corpo. Na verdade, a melhor maneira de se preparar para esses exercícios é não ter expectativas.

O grande mestre Dhalai Lama disse que, dos seis bilhões de pessoas neste mundo, talvez apenas dez por cento vivam de acordo com suas religiões e crenças espirituais. Concordo com ele.

Quantos cristãos, judeus, muçulmanos, budistas ou hindus realmente seguem suas crenças? Quantos de nós, declarando nossa fé na vida após a morte, realmente sabemos o que isso significa? Quantos entendem que devemos viver esta vida sabendo que já vivemos antes, viveremos novamente e que cada uma de nossas ações, palavras e pensamentos têm suas próprias e únicas conseqüências? Quantos de nós vivemos sabendo que, como espíritos, somos unidos com Deus e através d'Ele todos somos unidos? Quantos de nós levamos nossas crenças a sério?

Os exercícios simples e fáceis deverão provocar o comportamento que nossas crenças merecem. Mas ainda há um outro objetivo: preparar-nos para a chegada de uma Nova Era.

Este livro, VAI AMANHECER OUTRA VEZ, é sobre um espírito chamado Andrew, que foi chamado como voluntário para uma missão. Você vai se juntar a ele enquanto Andrew se prepara espiritualmente para isso, então vai segui-lo quando ele fizer um curso intensivo de história para aprender as verdadeiras razões por trás dos eventos humanos.

Enquanto Andrew se prepara, você vai se preparar.

Enquanto Andrew descobre o que aguarda nossa vibração, você também vai descobrir.

Você não vai achar todas as respostas que procura, nem vai achar todas as verdades do Universo. Ninguém tem todas as respostas, porque existem tantas; e ninguém tem todas as verdades, porque nós, como espíritos individuais, temos de encontrar nossas próprias verdades.

Mas posso garantir a você que tudo que está escrito nestas páginas é, pelo menos, uma parte da verdade.

Você vai notar, de quando em quando, citações em **negrito**. Essas citações são tiradas do LIVRO DOS ESPÍRITOS, de Allan Kardec, porque naquele livro você encontrará muitas verdades.

3

A cidade adormecida
Agosto de 2000, na Terra

Andrew e Phillip olharam para baixo e viram a cidade adormecida. Eram cinco da madrugada em uma segunda-feira de manhã. As sombras da noite eram agora uma só cobrindo os grandes edifícios e largas avenidas da cidade com sua mortalha negra.

Esta cidade é única. Enquanto ela repousa sob a manta da noite, o poder dessa grande metrópole borbulha e transborda em meio à escuridão e em poucas e curtas horas terrestres os primeiros e tímidos raios solares iriam irromper em meio ao céu negro e despertar essa energia. Um novo dia começaria e a cidade acordaria para milhões de pessoas tocarem suas vidas.

Andrew estudava a metrópole enganosamente tranqüila. Ele sabia que, em apenas algumas horas, a noite se transformaria em dia e que aquela nervosa agitação estaria desperta de seu breve repouso.

Ele já vivera ali uma vez e sentira seu ritmo e palpitação.

— Esta cidade sempre me fascinou, ela é parte de mim —, comentou Andy.

Phillip, com o olhar fixo nas intermináveis faixas luminosas lá embaixo, fez um gesto afirmativo com a cabeça.

— Progrediu muito —, observou.

Andy desviou os olhos da paisagem para encarar seu amigo com um olhar inquisitivo.

— Você acha isso mesmo? Acha que progrediu muito?

Phil não respondeu. Ele sorriu e, sem tirar os olhos da cidade adormecida, sacudiu os ombros e desprezou a pergunta do amigo.

Mas Andrew não se deixava abalar. Havia muita coisa em sua mente.

— É aqui onde vai acontecer? — perguntou.

Desta vez, obteve uma resposta:

— Exatamente onde nós estamos —, confirmou Phillip, fitando as incontáveis luzes da cidade.

Andrew suspirou.

— Será uma tragédia sem sentido. Milhares de inocentes vão morrer — lamentou.

Phillip o fez lembrar que nada era sem sentido.

— Você sabe que nada é por acaso — reprovou. — E não existem vítimas inocentes. Mais importante: você sabe que há um sentido em todas as coisas. Eventos só são sem sentido se nós não quisermos entender o que há por trás deles.

Andy aquiesceu. Ele sabia que Phil estava certo, mesmo que fosse, por vezes, difícil de enxergar o significado do que dizia.

— Podemos evitar isso? Podemos alertá-los?

Phil suspirou. Era óbvio que Andy ainda não havia entendido.

— Não. Está determinado assim. Algumas coisas podem ser mudadas, mas não esta. Vem sendo preparada há muito tempo. Existem algumas coisas sobre as quais podemos avisá-los, mas não esta.

Alguns tensos momentos de silêncio se passaram entre os dois amigos. Nenhum deles disse nada enquanto fixavam os olhos na grande cidade. Algumas sirenes de carros de polícia ou bombeiros se ouviam, entrecortadas, ao longe. Os grandes prédios estavam quietos e o tráfego nas largas e brilhantes avenidas era ameno. Mas, mesmo naquela hora da madrugada, a cidade emitia um murmúrio com seus sons de vida.

A voz de Andrew rompeu o silêncio. Ele ainda tinha muita coisa em sua mente.

— Acho que você está errado, Phil.

— Sobre o quê?

— Você disse "progrediu muito". Às vezes, eu acho que não progredimos tanto quanto imaginamos. Agora mesmo — disse, indicando a cidade abaixo deles — existem assassinos, estupradores e ladrões atacando naquelas ruas. E amanhã, aqui mesmo onde nós estamos — enfatizou —, serão milhares de pessoas tentando descobrir como ganhar uma comissão extra aqui ou arrancar um dinheirinho extra ali. Você acha mesmo que a Terra progrediu tanto?

Pela primeira vez, Phil tirou os olhos da cidade adormecida. Ele se voltou e encarou o amigo, olhando demorada e duramente nos olhos de Andy.

— Mais do que você imagina e mais do que possa parecer — respondeu.

Mas Phil interrompeu abruptamente seu olhar e mudou de assunto com rapidez.

— Há uma razão pela qual eu lhe trouxe aqui, Andy.

Os primeiros raios de sol surgiam no longínquo e escuro horizonte.

— Bem, qual é, então?

— Primeiro, eu entendo como você se sente a respeito desta cidade e percebi que você ama esta vibração chamada Terra. — Phil ergueu a mão, impedindo qualquer objeção por parte de Andy. A dupla já havia passado por isso antes. — Eu sei que você não está apegado à Terra. Eu sei que os prazeres, vícios ou tentações terrestres não significam nada para você. Você a ama pelo que ela é.

Andy encolheu os ombros. Seu amigo estava certo. Ele esperou que Phillip continuasse.

— Há mais para ser revelado. Muito mais do que já lhe mostrei. Quer ir adiante?

Agora era Andy que não respondia. Ao invés disso, ele voltou seu olhar para a cidade, hipnotizado pelo gigante despertando lentamente à sua volta. Logo, suas ruas estariam repletas de pessoas, carros, ônibus e caminhões. Sob aquelas ruas, vagões do metrô lotados de gente zuniriam pelos túneis trazendo secretárias, balconistas, programadores de computador, corretores da bolsa, executivos e zeladores para seus trabalhos.

— Esta vibração está mudando, Andy. Há trabalho a ser feito.

O sol começou a se erguer lentamente no leste. Já eram seis e meia da manhã.

Phil não tinha mais nada a dizer, mas Andy estava certo de que seu amigo havia plantado uma semente em sua cabeça.

E ele estava certo. Phil o tinha levado até ali por muitas razões. E seu objetivo imediato tinha sido atingido: Andy estava perturbado. Agora, Andy iria pensar. Andy iria refletir.

O amanhecer escancarava seu brilho e Andy quis ficar sozinho. O que Phil lhe revelara tinha mesmo lhe intrigado. Ele não estava certo se queria saber mais. Ele precisava pensar.

Phil sabia que era hora de partir.

Eles acenaram um ao outro e sorriram. Phil tinha um sorriso confiante, seguro; Andy tinha um sorriso nervoso e preocupado.

Os dois tomaram rumos diferentes, partindo assim como chegaram: silenciosa e invisivelmente. Eles eram espíritos e Nova York era apenas uma parada em uma longa e difícil jornada.

Andy não percebera ainda, mas ele acabava de dar seu primeiro tímido e hesitante passo naquela jornada. Para ele, seria uma jornada de dúvidas. Seria uma jornada de esperança. Seria uma jornada de desespero. E, ao final, se tornaria uma jornada de descobrimento.

4

Os lugares
Fim de agosto de 2000, na Terra

De Berlim para Hong Kong, do interior da França para o centro de Londres, de Sydney para o Tibete, Andrew passeava pelas ruas e vilarejos da Terra. Ele vagava, mas não estava perdido. Ele passeava, mas não sem um destino. Ele pensava que estava só, mas Phillip sempre estava por perto.

Phil sabia que Andrew estava perturbado pelas revelações em Nova York. A experiência revirou profundas emoções em seu aprendiz. Mas isso era exatamente o que o guia esperava que acontecesse. Phillip queria que Andy caminhasse através de seus sentimentos e fizesse contato com todas as suas dúvidas e perguntas.

Como guia e professor, era missão de Phillip, sem interferir no livre-arbítrio de seus alunos, estimulá-los a agir. Mas Phil não tinha nada contra direcionar seus pupilos no caminho certo, e existia uma direção traçada que Phillip queria ver Andy seguir.

No entanto, Phil sabia que não devia forçar a barra. Ele podia apenas guiar e tinha consciência de que não devia revelar tudo de uma só vez. Isso tinha de ser feito calma e deliberadamente, como tirar camada por camada de uma cebola. Se Phil fosse rápido demais, Andy simplesmente não entenderia e se rebelaria.

Por quase todo um mês no tempo da Terra, Phillip manteve pacientemente sua distância, esperando pelo momento em que Andy estaria pronto. Ele esperou e esperou para cautelosamente retirar a primeira camada da cebola.

O momento finalmente chegara em uma praia deserta situada na costa norte da Austrália.

Era um dia perfeito: nuvens brancas e finas flutuavam em uma brisa leve e morna, pontuando um interminável céu azul. O oceano se mostrava como os muitos tons da esmeralda e turquesa, e uma tranqüila e suave ondulação sussurrava até chegar na areia macia cor-de-mel.

Andrew sentiu a presença de seu guia, mas ignorou-a enquanto continuava a fitar o horizonte onde o azul do oceano se fundia com o calmo azul do céu. Phillip tomou a iniciativa e se intrometeu nos pensamentos de Andrew.

— Belo lugar.

— Eu gosto. Sempre gostei. Venho aqui para pensar — respondeu Andrew, deixando que sua voz revelasse um certo aborrecimento. — A maioria de vocês gosta de criticar a Terra. Eu sei que não é dos mundos mais evoluídos, mas para mim é um lar. Existe tanta beleza aqui — suspirou ele.

— Certamente existe — concordou Phillip, sem querer debater.

Ele sabia que Andrew o estava provocando para mais uma de suas intermináveis discussões sobre a Terra. Seu pupilo era um legítimo espírito terrestre, amando a Terra apesar de suas falhas e defeitos. E Phillip contava com aquele amor, porque o Universo tinha um plano para Andy. Phillip não ia morder a isca de Andy. Agora não era hora para brigas.

— Na casa do meu Pai há muitas moradas — disse Phillip, citando o Novo Testamento.

Andrew deixou escapar uma risada, e a tensão estava quebrada.

— Então, o que há? Eu sei que você tem me observado nestas últimas semanas. Obrigado. Eu tentei entender sobre Nova York. Aquilo me abalou, mas — acrescentou com alguma ironia — tenho certeza de que você sabia disso.

O guia sorriu.

Andrew o impressionava. Ele era um espírito evoluído afinado com a vibração terrestre. A maioria dos espíritos, ao progredir e ir além da Terra, jamais olhava para trás. Phillip pensou que era hora de Andy encontrar outros como ele, espíritos evoluídos que escolheram permanecer em contato com a Terra.

Aquilo certamente iria retirar uma camada da cebola, pensou Phil silenciosamente.

— Ei, Andy — sugeriu o guia, do nada. — Gostaria de visitar um lugar especial? — Indicou o azul infinito diante deles. — Não há oceano ou praia lá, mas ainda assim é um lugar especial.

O convite repentino pegou Andy desprevenido. Ele estava pronto para mais um de seus longos debates sobre sua fixação na Terra. Ao invés disso, obteve a oferta de uma visita a um "lugar especial". Na maioria das vezes, Andy pensou, os lugares especiais de Phil eram locais sem graça no Universo, onde espíritos iam para meditação ou contemplação.

"Será que ele não consegue entender o que estou fazendo? *Este aqui* é meu lugar especial. Não preciso de mais nada" disse Andy para si mesmo, não sem alguma irritação.

Mas, assim como Phil, ele não estava a fim de brigas. E, além de ser seu guia, Phil também era seu amigo. Andy sabia que se o acompanhasse conseguiria algumas respostas para suas perguntas e, naquele momento, sua maior dúvida era saber o que seu guia estava planejando.

Então, apesar da relutância em deixar Phil lhe arrastar para algum lugar sem graça no Universo, Andy rápida e entusiasmadamente seguiu seu guia e logo descobriu que o "lugar especial" não era tão sem graça ou isolado quanto ele esperava.

Era repleto de vida.

Mas era um lugar difícil de descrever.

Difícil não porque o lugar não existe. Se ele se tratasse de uma fantasia, seria mais fácil juntar as palavras para contar como ele se parece. Mas o "lugar especial" existe e tem uma presença bastante real em nosso dia-a-dia.

O lugar é difícil de descrever não por causa de sua localização. Sua energia e vibração podem ser sentidas em qualquer ponto da Terra.

O "lugar especial" é de difícil descrição não porque é tão bonito que as palavras não o podem definir, mas porque o lugar é tão simples e sutil que as palavras não sabem imaginá-lo.

Na Terra, existem exemplos remotos de como esse lugar se parece. Se um conjunto de palavras descrevesse um jardim calmo e tranqüilo onde o suave ruído de uma delicada queda d'água preenchesse o ar, ele apenas compreenderia uma vaga idéia da serenidade e paz encontrada aqui.

Uma luz pura e branca, pulsando com energia, talvez pudesse esboçar a sabedoria e pureza encontrada aqui, mas a luz simplesmente não poderia revelar a harmonia que habitava todo refúgio ou canto desse lugar especial.

O lugar especial é o jardim tranqüilo, a luz branca, a energia absoluta e tudo o mais que se possa imaginar.

Mas ele é mais do que isso.

Ele também é vazio.

O lugar especial é vazio de mesquinharia, ciúme, desejo, ego, vaidade e ambição. Os espíritos que vivem aqui abandonaram essas ilusões há muito tempo.

Esse ambiente calmo, harmonioso, tão pleno e vazio, é onde os espíritos guias se reúnem. Sua missão é acompanhar a vida na esfera terrestre. Alguns chamam de faixa crística, outros de céu, outros de espaço cósmico. Novamente, palavras não podem pintar a tela que retrata este lugar de onde preces, inspiração e ensinamento fluem.

Phillip tirou Andy do lindo oceano cor-de-esmeralda da costa australiana para o lugar especial, e dali eles podiam ver o planeta que Andy amava tanto. Ele estava absolutamente fascinado com a vista.

A princípio, ele viu a Terra como a grande bola azul e branca fotografada por astronautas. Mas em questão de segundos ele podia ver além dos oceanos azuis cobertos com as brancas composições das nuvens.

Na paz vazia e harmoniosa daquela vibração, Andy podia ver a Terra como ela realmente é: uma vibração espiritual. Maravilhado e impressionado, ele viu as chamas vermelhas da raiva pairando ao lado do vermelho suave e gentil do amor. Ele observou tons verdes quentes de inveja pulsando perto dos leves raios verdes da esperança. Ele passou a entender como a branca luz da sabedoria e conhecimento vive lado a lado com o cinza escuro da ignorância e do ódio. O espírito de Andy foi acariciado pela leve e refrescante vibração roxa da cura e foi estremecido pela escura vibração roxa do medo.

Andrew testemunhou todas as sutilezas, nuanças e sombras que davam cor à aquarela terrestre e passou a entender como milhares de vibrações diferentes, com suas tonalidades calidoscópicas, existiam porque eram determinadas a existir. O Universo mostrou a ele que a Terra, criada há tanto tempo, era uma escola e as vibrações estavam lá para que se aprendesse com elas.

Mas ele ainda viu mais. Vendo através do conturbado espectro de cores, Andy pôde verificar que a Terra estava mudando. Ela, como tudo no Universo, estava evoluindo.

Subitamente, um espírito apareceu a seu lado e interrompeu seus pensamentos.

— Somos como você, Andy. Sentimos uma ligação com a Terra. Não estamos presos a ela por necessidade, mas sim por empatia.

Antes que Andrew pudesse responder, o espírito se foi e outro tomou seu lugar.

— A Criação está sempre em movimento, ela nunca pára. Nossa Terra é parte da Criação, e sua vibração está mudando constantemente, também.

Phil estava calado e Andy ouvia o que era agora uma multidão de vozes ao seu redor.

— Sinais estão sendo mandados — disse uma das vozes —, mas às vezes eles não são percebidos.

— Mensagens estão sendo mandadas — interveio outra —, mas às vezes ninguém as ouve.

— Depende deles. Eles têm tudo lá — ponderou uma voz. — Tecnologia, comunicação, informação. É tempo de decidir.

— Aprenda com os sinais. Eles estão em toda parte. Aprenda e entenda — alertou uma voz. — A mudança não surge do modo como você pensa.

— Olhe além do óbvio, para o sutil. Olhe atrás do sutil para entender o sublime — outra ainda acrescentou.

— Um acontecimento só é uma tragédia quando dele não se aprende nada — ouviu Andy.

Não havia desespero nas vozes, nem urgência ou agitação. Elas simplesmente recitavam fatos.

Abruptamente, Phil avisou que era hora de partir. Havia outro lugar para visitarem. A cebola tinha muitas, muitas camadas para se retirarem. Sutil, mas firmemente, o guia levou o relutante aluno para uma vibração diferente, longe do foco do amor, carinho e inspiração e dentro do foco de desespero, raiva, ódio e ciúme. Era imperativo, o guia sabia, que Andy conhecesse os dois.

Eles chegaram àquele "outro lugar", e este também é difícil de descrever. Novamente as palavras são fracas e a imaginação débil. Alguns chamam este lugar de terra das sombras e outros o chamam de inferno. Não é nem uma coisa nem outra.

Escuridão é uma palavra que é facilmente entendida. Pesado e embolorado são palavras que podem ser sentidas.

Escuro. Pesado. Embolorado. Isso pode começar a descrever esse outro lugar.

Mas, diferente do "lugar especial", o "outro lugar" não está vazio. Está transbordando de revolta, ódio, medo e inveja.

No "lugar especial", espíritos são atraídos uns para os outros, juntando forças para inspirar, ensinar e guiar seus espíritos irmãos na Terra. Depois de longos períodos de encarnações, tentativas, erros e estudos, esses espíritos compreendiam o progresso do espírito e do Universo.

No "outro lugar", espíritos também se reúnem. Eles também compartilham a mesma vibração, e sua atenção também está focada na Terra.

Mas:

Um grupo é atraído, o outro é apegado.

Um vê a Terra de uma perspectiva universal; o outro a vê com revolta e ódio.

Um grupo funciona por meio da esperança; o outro por meio do medo e desespero.

Um entende e aceita a regra suprema do Universo, de que só existe progresso, não regresso.

O outro teme o progresso, porque tem medo de perder o que eles pensam que têm. Eles estão confortáveis com seu bolor, peso e escuridão. Eles combatem a mudança e, apesar da enorme harmonia da Criação, eles vêem o Universo como um campo de batalha, e seu grito de guerra é "Somos nós contra eles".

Momentos antes, Andy ouvira os pensamentos seguros da razão, entendimento e compaixão.

Agora ele estava prestes a ouvir as farpas da raiva e do medo.

— Não vamos perder o que conquistamos — ecoava o coro. — A Terra é nossa.

— Eles não vão mudar, eles nunca mudam. Nós os conhecemos — outro grupo gritava.

— Nosso caminho é o mais fácil. Nós tateamos em seu medo, seus instintos, sua ânsia pelo poder. Damos a eles o que eles querem — alardeava a multidão.

Andy entrou em agonia. Seu espírito estava em pânico. Phil viu que era hora de tirar Andy do frio e pegajoso caos que os rodeava. Andy viu duas diferentes vibrações em contato com a esfera terrestre: uma que gentilmente a inspirava através da luz e outra que violentamente a afastava da luz.

Enquanto retirava Andy suavemente da vibração desse "outro lugar", Phil consolava seu pupilo:

— Estes mundos existem lado a lado. Eles estão lá por quase o mesmo período de tempo. Eu lhe mostrei os dois porque para entender a Terra você tem de entender os dois lugares.

Com essas palavras ecoando nos ouvidos, Andrew momentaneamente perdeu contato consigo mesmo. Sua consciência saiu de controle, com faíscas luminosas atravessando a escuridão de suas dúvidas. Quando as faíscas brilharam em seu espírito, Andy viu o que antes era invisível. Ele experimentou um momento de inspiração e por um breve instante sentiu-se integrado ao "lugar especial".

O instante acabou tão rapidamente quanto começou. Quando terminou, um novo começou. Desta vez, tremores frios arrepiavam seu espírito, e medo e dúvida surgiram em seu ser, onda após onda. Por um breve instante, Andy sentiu-se integrado ao "outro lugar", que também havia plantado sementes de inspiração em seu espírito. Eram sementes de dúvida.

— Instinto... instinto... — murmurava Andrew repetidamente.

E com essa palavra correndo e ricocheteando em sua mente, outros pensamentos e imagens pipocavam.

Terra. As diferentes vibrações. Amor e ódio. Esperança e desespero. Juntos. Sabedoria e ignorância. Juntos. Iguais. Partes um do outro. Parte dele. Tinha de haver uma razão.

Os dois lugares diferentes. O bem e o mal. Amor e ódio. Esperança e desespero. Sabedoria e ignorância. Juntos. Iguais. Partes um do outro. Parte dele. Tinha de haver uma razão e seriam razões que provavelmente ele jamais havia considerado antes.

Andy, como a maioria dos espíritos terrestres, vivia um dia de cada vez. Na Terra, ele teve mau hálito, acne e ocasionais crises de diarréia. Ele gostava de sexo, carne vermelha e de uma bela bebedeira de vez em quando. Ele gostava de descrever a si mesmo com um pobre-diabo tentando fazer o melhor que podia. Ele ria, chorava. Construiu seus castelos de sonhos e se desapontou quando esses castelos desmoronaram diante dele.

Em suas muitas vidas ele sentiu felicidade, tristeza, satisfação e desespero. Ele realmente era um sujeito comum fazendo o melhor que podia.

Por isso o Universo o escolheu. Por isso seu guia e amigo de longo tempo teve permissão de retirar uma camada da cebola e por isso ele havia sido tocado pelos dois lugares.

Durante seu primeiro instante de êxtase, sementes de luz foram plantadas no espírito de Andy. Elas iriam, se adubadas, florescer dentro dele. Ele foi tocado pelo lugar especial porque os espíritos que viviam ali queriam Andy para uma missão.

Seu guia tinha certeza de que Andy era perfeito. Phil sabia que Andy faria o que fosse preciso para completar a missão. O único receio do guia era se Andy aceitaria a missão, porque, durante seu segundo instante de comunhão, sementes de desconfiança e dúvida também foram plantadas dentro do espírito de Andy, e elas também floresceriam se adubadas.

Andy foi tocado pelo "outro lugar" porque o Universo queria que ele lutasse com todas as suas dúvidas, medos e preconceitos. Só depois de dominá-los ele estaria pronto para a missão. O Universo lhe dava escolhas, da mesma forma que as dava a todo e qualquer espírito ao longo de toda a Criação.

— Dentro de você — sussurrava Phil ao amigo — existe agora dúvida e esperança. Dentro de você, o amor coexiste com a raiva; o medo, com a coragem. Você tem respostas e tem novas perguntas.

A jornada havia começado, um novo passo foi dado. Mas o espírito precisava de tempo para se compor. Agora mesmo, Andy estava atordoado, como um boxeador grogue e enfraquecido que tenta se levantar do banco para enfrentar o último assalto.

Phil levou seu aluno confuso e desnorteado de volta para a segurança e o conforto da Terra. Na rapidez de um pensamento, eles estavam de volta à praia na Austrália.

O céu estava azul; as nuvens, brancas e finas. Era ainda um dia perfeito.

— O que está havendo? — perguntou Andy, ainda zonzo.

— Cada coisa em seu tempo. Você vai descobrir logo mais — veio a resposta enigmática.

Phil olhou para as calmas ondas do oceano azul cor-de-esmeralda e confessou a Andy que realmente existiam lugares muito bonitos na vibração chamada Terra.

Então ele silenciosamente se foi. Phil queria dar a Andy uma última chance de aproveitar um perfeito dia na Terra.

5
O primeiro exercício

O objetivo deste simples exercício é elevar sua vibração. Enquanto você lê este livro, você vai descobrir que muitas coisas em nossa vida são influenciadas por nossa vibração e pelas vibrações que atraímos. Então, por que não tentar tornar a sua a mais elevada possível?

Não há nada de realmente complicado a fazer. Fique à vontade, relaxe e leia estas palavras repetidas vezes até que elas se tornem suas. Você também pode mudá-las um pouco. Quando estiver pronto, feche seus olhos e repita as palavras em voz alta. Pense nelas enquanto as disser.

Não espere por milagres ou transformações místicas e instantâneas. Nossa vida não funciona desse modo.

EXISTE UM LUGAR ESPECIAL DENTRO DE MIM.
ESTOU LIMPANDO DE LÁ TODA A RAIVA.
ESTOU LIMPANDO DE LÁ TODO O MEDO.
E ESTOU LIMPANDO DE LÁ TODA A INVEJA.

LIVRE DA RAIVA, ESTOU CHEIO DE PAZ.
LIVRE DO MEDO, ESTOU CHEIO DE ESPERANÇA.
LIVRE DO CIÚME, ESTOU CHEIO DE HARMONIA.
ESTOU AFINADO,
ESTOU EM CONTATO,
ESTOU INTEGRADO COM O TODO.

Não há nada de mágico nisso. Para se limpar da revolta e do ódio, você tem de se empenhar. Limpe a si mesmo da raiva e você notará como a paz preenche o espaço onde a raiva estava. Esvazie seu ser do medo e você verá a esperança tomando seu lugar. Limpe a si mesmo da inveja e você encontrará harmonia no mundo ao seu redor. Lembre-se do que você aprendeu nas aulas de física: dois corpos não podem ocupar o mesmo lugar no espaço. Você escolhe como quer preencher o lugar especial dentro de você.

Não diga as palavras, apenas; viva-as. Todos os dias de sua vida, varra sua raiva, expulse seus medos e livre-se de sua inveja e ciúme. Quando fizer isso, você definitivamente estará INTEGRADO COM O TODO.

Nas próximas páginas, você lerá mais sobre como a vibração terrestre está mudando. É importante para nós nos tornarmos INTEGRADOS COM O TODO, porque isso é parte do que significa esta Nova Era.

6

Andrew vê o passado
Início de setembro de 2000, na Terra

Espíritos têm casa?

Certamente que sim. Dependendo da vibração, a vida de um espírito não é muito diferente da vida na Terra.

E, como todos nós fazemos em horas difíceis, Andy queria ir para casa. Seu espírito ansiava por paz, solidão e conforto. Logo depois que Phil o deixou na Austrália, seu espírito gradualmente iniciou sua viagem de volta ao lugar que chamava de lar, onde ele tinha certeza de que encontraria a segurança e tranqüilidade de que tanto precisava.

Sua casa não era de tijolos ou argamassa, mas construída por seus pensamentos e desejos. Nem sequer é uma grande e suntuosa mansão, é uma cabana pequena de reboque branco rodeada por árvores e flores exuberantes no fim de um caminho de chão batido.

A casa tem uma grande sala de estar com prateleiras alinhadas repletas de livros de quase todos os gêneros imagináveis e uma larga janela que dá para um riacho que abre caminho entre as sombras das árvores.

Há um quarto, mas sem cama. Um espírito não tem um corpo físico, então não há necessidade de cama. Mas um espírito precisa de um lugar para descansar e refletir, e Andy estava em seu "quarto" meditando sobre tudo que havia experimentado até ali. Ele encontrou sua paz, sua segurança e seu conforto, mas sabia que as respostas que queria não seriam fáceis de encontrar.

Muitos pensamentos e imagens se embaralhavam em sua mente. Andy estava certo de que estavam todos interligados, mas ele não conseguia ver de que maneira.

Ele pensava em Nova York e nas palavras "Ela progrediu muito" dançando pela sua mente. Como poderia seu guia ter dito aquilo, sabendo de todo o ódio, mal e revolta que existia no mundo?

— Onde está a ligação, o que tudo isso significa? — perguntava o espírito repetidamente.

Ele refletiu sobre os dois lugares, um de esperança e outro de medo. Qual era o mais forte, qual venceria? Qual estava afinado com a Terra?

E lá estava a palavra "instinto". Ela continuava pulsando em sua consciência, invadindo seus pensamentos e clamando por atenção.

— Onde está a ligação? — continuava se perguntando Andrew, procurando desesperadamente pela resposta.

Ele pensou em Phil. O que ele pretendia?

Phil nunca fazia nada sem uma razão. Ele era assim desde a primeira vez que se viram. O que pretendia o guia alto, magro e de cabelos negros e crespos?

Phil, pensou ele, era mais do que um guia. E Andy era mais do que um aluno. Eles eram amigos. E eles eram diferentes.

Andrew gostava de andar à vontade e mal arrumado; Phillip preferia o visual elegante.

Andrew era emocional e impulsivo; Phillip, objetivo e reservado.

Andrew era nervoso e ansioso; Phillip, frio e senhor de si.

Eles eram um ciclo que se completava, aluno aprendendo com guia e guia aprendendo com aluno.

— Onde estava a ligação, o que Phil pretendia? — Andrew vasculhava sua mente em busca de uma pista.

Nova York. O lugar especial. O outro lugar. As palavras de Phil, "ela progrediu muito". Instintos. As vibrações coloridas. As vozes da raiva. As vozes da esperança. Terra. Tudo isso voltava até ele, os pensamentos e experiências rodando pela sua mente enquanto a ansiedade fluía e se alastrava por todo o seu ser.

— Tenho de falar com Phil — disse em voz alta.

Não amanhã ou em um outro dia; ele tinha de ver o amigo naquele momento. Assim, ele pensou em Phil e o chamou com seus pensamentos.

Pensando em Phil, ele foi até o guia e, desta vez, sim, encontrou-o em uma daquelas vibrações que Andy costumava chamar, brincando, de "sem graça e solitária", uma harmonia aberta, azul e vazia onde Phil ia meditar.

Imediatamente, porém, Andy percebeu que não estavam sozinhos. Um outro espírito estava ali. Seu nome era Joshua. Depois de uma rápida apresentação, Phillip disse que ia embora.

— Espere um segundo — protestou Andy. — Eu não fiz outra coisa senão pensar no que aconteceu em nossos dois últimos encontros. Vim até aqui para conversar e você vai cair fora? — Andrew gostava de apimentar seu discurso com expressões coloquiais da Terra.

— Seja paciente. Eu o encontro depois. — Mas Phil acrescentou misteriosamente: — Dependendo de como for sua conversa com Joshua.

Andrew estava nervoso. Tudo estava acontecendo muito rápido. O lugar especial. O outro lugar. Nova York. E, agora, um novo guia.

Num instante, o moreno Phil estava fora e o loiro de olhos azuis com cara de bebê Josh estava dentro.

Agora, Andy tinha certeza de que alguma coisa estava acontecendo, mas não tinha a menor noção do que era. E apostava qualquer coisa que, de alguma forma, ele estava bem no meio de tudo aquilo.

Os dois espíritos se entreolharam. Joshua pacientemente sorriu e Andrew sorriu de volta, hesitante.

— Eu estou aqui por uma razão — o jovem espírito alourado quebrou o silêncio.

Andy sacudiu os ombros.

— Se Phil diz que está bem, está bem para mim — disse ele, oferecendo a mão de modo reticente.

Eles se cumprimentaram e Joshua imediatamente começou a explicar quem ele era.

— Antes de tudo, sou mais como você do que Phil — declarou Joshua.

Ele queria a atenção de Andy e, julgando pela sua reação, certamente tinha conseguido.

— Somos amigos — disse logo Andy, em defesa de Phil, aborrecido pela atitude um tanto apressada do novo guia.

Joshua sorriu. Ignorou a indignação de Andy e foi adiante.

— Phil sabe que ele é diferente. Foi por isso que me pediu para substituí-lo. Veja, Andy: eu sou um espírito afinado com a Terra. Eu me importo com ela da mesma forma que você.

Ele contou a Andy que encarnou na Terra centenas de vezes, coisa que Phil nunca fez.

— Seu caminho é diferente do nosso. Por isso ele pensou que era melhor passar a bola para mim.

Joshua não desperdiçava nem um minuto. Perguntou a Andy se ele se lembrava da visita ao lugar especial.

— Como poderia esquecer?

— Você se lembra de uma voz que dizia: "Estamos ligados à Terra não por necessidade mas por empatia"?

Andy fez que sim com a cabeça, vagarosamente. Aquela e as outras vozes, das duas vibrações, ainda estavam em seus pensamentos.

— Fui eu quem disse aquilo — declarou Joshua. — Você vai encontrar algumas das outras vozes. Mas — alertou — apenas quando estiver pronto.

Andy não sabia que ainda iria ouvir aquele tipo de alerta, "Apenas quando estiver pronto", diversas vezes durante sua jornada.

Joshua relatou que espíritos daquela vibração estavam interessados nele.

— Nós temos um plano. Queremos saber se você fará parte dele.

Segundos pontuavam o tempo, e a ansiedade de Andy pontuava com eles. Finalmente, ele estava para descobrir o que aquelas últimas semanas significavam.

Andrew disse a Joshua para ir direto ao ponto.

— Por que todo esse lero-lero? Conte-me o que há. Eu sei que algo está acontecendo. Eu estou aqui, você está aqui. Vamos lá.

— Você pode começar confiando em mim — veio a resposta curta do novo guia.

Andy acenou positivamente com a cabeça, de modo subserviente. Como sempre, sua boca e sua impaciência eram pedras no caminho. Ele resmungou uma desculpa, que foi imediatamente aceita.

— Não posso dizer por que queremos você — anunciou o guia. — Você terá de descobrir isso sozinho.

Andy suspirou. Ele tentava se controlar e disse a si mesmo com rebeldia:

"Pensei que esse cara ia me dizer alguma coisa nova, mas vou ter de ouvir mais da mesma ladainha."

A frustração do espírito era óbvia, então Joshua lembrou a ele que teria de achar seu próprio caminho e tempo:

— Você sabe que é a única maneira.

Andy sabia, mas ainda assim não podia entender por que os guias sempre enrolavam tanto.

"Eles são todos iguais", disse a si mesmo. "Nunca entram no assunto."

Joshua, por sua vez, não queria se apressar. Como Phil, ele estava determinado a retirar as camadas da cebola vagarosa e deliberadamente.

— Você se lembra do que Phil lhe ensinou? É tudo sobre como fomos criados. Você se lembra? — perguntou Josh, com habilidade.

Antes que Andy pudesse dizer qualquer coisa, uma fileira de palavras, em letras grandes e vermelhas, desfilou em frente aos seus olhos como o luminoso de notícias que fica no meio da Times Square.

"Nós todos fomos criados igualmente simples e ignorantes."

As palavras reavivaram suas memórias.

Depois de muitas encarnações, Phil pensou que Andy estivesse pronto para compreender algumas verdades universais e começou a ensinar a seu aluno o essencial sobre quem somos e o que representamos.

E Andy pensou que havia entendido quando Phillip disse: "Nós todos fomos criados igualmente simples e ignorantes".

— Parece certo para mim — Andy agora se lembrou de responder.

A voz de Joshua interrompeu suas lembranças e Andy estava quase descobrindo que havia mais por trás daquelas palavras do que ele jamais imaginara.

— Você passou por muitos nascimentos e mortes desde que ouviu essas aparentemente simples palavras. Agora você está pronto para ver a sabedoria e sutileza por trás delas. É hora de fazer uma retrospectiva da alma e talvez, quem sabe, você descobrirá o que queremos de você.

Novamente, a ansiedade tomou todo o seu ser. Apesar de nunca ter feito, Andy sabia o que era uma retrospectiva da alma. Ao invés de ver uma encarnação, como ele fazia com Phil, um espírito podia ver todas as suas encarnações ao mesmo tempo.

"Imagino que foi para isso que Phil me mandou para esse cara", supôs Andy. "Deve ser sua especialidade."

No passado, Phil freqüentemente passava Andy para outros guias e professores com alguma especialidade em particular em uma ou outra área. Eventualmente, eles voltavam a se encontrar.

Andy não tinha idéia de como esta vez seria diferente.

— Vamos logo com isso.

Andy sorriu nervosamente e, assim que as palavras saíram de sua boca, ele descobriu que estavam em outra vibração.

Esta era também calma e silenciosa. Também tinha uma fria tonalidade azul. Uma energia constante pulsava por toda ela. A princípio, ela sufocou Andy, mas, assim que esses primeiros instantes passaram, a energia se tornou uma força suave e refrescante.

Andy deixou a força conectá-lo não apenas consigo mesmo mas também com tudo na criação. Uma nova sensação de unidade absorveu todo o seu ser.

Joshua sorriu com cumplicidade. Aquela não era a primeira retrospectiva da alma que ele fazia e já tinha visto muitas reações como a de Andy antes disso.

— Como se estivesse boiando em um lago e sentindo cada ondulação — sugeriu ele.

— Mais como se estivesse boiando em um lago e sendo o lago — disse Andy com certa expectativa, esperando que seus pensamentos não estragassem o momento.

— Você acertou — concordou Joshua, com entusiasmo. — Você é o lago. Vamos descobrir o que há em suas águas.

As palavras de Joshua fluíram por Andy e cada uma de suas memórias de encarnações de longo tempo começaram a subir à superfície do lago profundo e extenso de Andy.

Uma imagem cintilante de uma terra seca, suja e árida refletiu-se no espelho das águas paradas do lago, e Andy viu a si mesmo como parte de um pequeno grupo de homens e mulheres acotovelando-se em uma caverna escura.

No começo, sua memória falhou. Então, lentamente ela trouxe a cena para o foco, ajudando Andy a entrar em contato com quem ele já fora, uma vez.

— Saíamos da caverna durante o dia para caçar, mas corríamos de volta antes de escurecer. Nós nos comunicávamos por grunhidos, gestos e desenhos na poeira, agarrando-nos à vida com unhas e dentes.

Sem nenhuma emoção, Joshua preenchia as lacunas.

— Esta é sua primeira encarnação. Também é a primeira vez que a vida humana surgiu na Terra. Na verdade, você nunca encarnou em nenhum lugar senão na Terra. A maioria dos espíritos começa em outras vibrações, mas não você — relatou o guia, observando a seguir: — De certo modo, você começou quando a Terra começou. Vocês estão juntos desde o início.

Algo no modo como Joshua disse "Você começou quando a Terra começou" chamou a atenção de Andy. Ele procurou por pistas na face suave e rechonchuda do guia, mas não achou nada.

De novo, era a voz de Phil que o lembrava das lições de longo tempo atrás.

"Nós renascemos para poder evoluir. Mas ainda há mais. Nós reencarnamos para que toda a humanidade possa progredir", disse a voz.

Progresso. Evolução. O que estava acontecendo? Andy se esforçava para entender. Ele tentava voltar sua atenção para as imagens à sua frente mas não conseguia.

Instinto... instinto... instinto. A palavra novamente aparecia em sua mente. Ele sabia que ela significava alguma coisa, mas não conseguia perceber o que era.

Ele decidiu deixar aquilo para depois. Ele tinha de descobrir como aquela palavra se encaixaria com tudo o mais que se passava ao seu redor.

— Nas cavernas e florestas da Terra, nós usamos nossos instintos para sobreviver — disse sem muita certeza. — As escolhas eram poucas porque nossa habilidade de escolher era limitada. Éramos "simples e ignorantes" quando começamos na Terra.

Andy esperava que tivesse feito uma ligação.

Joshua balançou a cabeça e franziu as sobrancelhas.

— Boa tentativa, mas nem chegou perto.

(Se este fosse um *game show* na TV, Andy certamente teria ouvido o gongo soar.)

— Nem todos na vida primitiva são simples e ignorantes — explicou o guia.

Em seguida, Joshua pediu a Andy para que olhasse mais de perto a cena que passava em frente a ele.

Andy se voltou para as dez auras individuais no grupo. A maioria era fraca, auras quase sem cor, de espíritos encarnados pela primeira vez. Mas três delas se destacavam.

Ele viu como as auras se tornavam lentamente mais definidas e diferentes. Sua memória se agitou, e Andy estava finalmente pronto para fazer uma ligação. Ele não tinha idéia da importância daquela ligação.

— Eles estavam lá para nos ajudar a atravessar a primeira encarnação — depurou.

(Desta vez, o gongo não soou.)

Andy sabia que estava no caminho certo porque mais uma vez a voz de Phil ecoou pela vibração, repetindo a lição para confirmar que Andy estava na pista certa.

"Nós renascemos para poder evoluir. Mas ainda há mais. Nós reencarnamos para que toda a humanidade possa progredir."

Joshua sorriu. Ele também ouvia a voz.

— Olhe novamente — adiantou-se o guia, apressando Andy.

Ele fitou os habitantes das cavernas e por um breve instante era parte deles outra vez. Ele hesitou e olhou para Joshua, surpreso.

— É você! — exclamou Andy. — Você está lá — apontava ele, afoito, para a cena. — Você é um daqueles auxiliadores.

— Somos chamados de confortadores — corrigiu Joshua, amigavelmente.

Andy jogou os olhos para o alto e disse que não havia entendido o que Joshua estava falando.

— Viemos de outra vibração. Nós, os três com as auras definidas, estávamos em uma missão. Nós viemos — o guia riu — para dar a vocês um empurrãozinho. O planeta, eras depois de sua criação, tinha evoluído e estava pronto para amparar a vida humana. Nós fomos voluntários para ajudar as coisas a caminhar.

— Você sabia por que estava lá?

— Claro que não! — veio a enfática resposta. — O objetivo da vida é esquecido quando encarnamos. Nós viemos para ajudar as coisas a caminhar. Era uma opção nossa e isso nos foi permitido porque a missão se encaixava em nosso carma pessoal. Mas, uma vez encarnados, tudo era esquecido. Tínhamos apenas o instinto para nos guiar.

Instinto. Novamente a palavra corria pela consciência de Andy. Mas agora ele decidiu ficar quieto e esperar que a ligação se revelasse por si mesma.

Joshua decidiu continuar na questão da amnésia espiritual. Era importante não apenas para o que eles estavam discutindo agora, mas para o que eles ainda iriam conversar num futuro próximo.

— Você aprendeu isso muito tempo atrás — disse ele. — Como evoluímos?

O espírito sentiu que estava de volta ao colégio tendo uma prova oral. Andrew suspirou e respondeu:

— Livre-arbítrio e escolha.

(Agora, se esse fosse um programa de TV, as luzes piscariam e as sirenes ecoariam sinalizando a resposta correta.)

Joshua perguntou como um espírito poderia ser livre para escolher se soubesse por que está encarnado.

— A vida na Terra representa aprendizado, mesmo para espíritos evoluídos. Se você sabe o que deve fazer, não há livre-arbítrio. E, se não há livre-arbítrio, não há aprendizado.

O rosto de Andy se iluminou, pois ele fez mais uma ligação. Ele disse a Joshua que finalmente estava compreendendo aquele negócio de simples e ignorante.

— Além de sermos criados simples e ignorantes, vivemos ignorantes sobre quem ou o que realmente somos.

(Novamente, sem gongos... mas também sem sirenes.)

Joshua riu. Você está começando a ver que essa coisa de simples e ignorante não é tão simples como parece no começo.

Mas ele disse que Andy estava certo:

— As almas da Terra vivem em ignorância porque se esquecem de quem são. Elas se cobrem de rótulos: posição social, raça, religião e nacionalidade. Mas — apontou — quando um espírito evolui, os rótulos vão se soltando lentamente.

Andy ouvia cuidadosamente tudo que Joshua dizia, mas a palavra instinto... instinto... instinto... continuava se repetindo dentro dele. Literalmente gritava por sua atenção. E, num átimo, ela desabrochou.

Mais uma ligação.

— Já sei, já sei. Finalmente sei o que isso significa — gritou. — Tenho a ligação. São nossos malditos instintos que ferram com a gente.

O guia ia dizer alguma coisa, mas Andy rapidamente ergueu a mão, interrompendo-o. Ele não queria perder a linha do raciocínio.

— Quando encarnamos pela primeira vez, tudo que temos são os instintos. O maior deles é a autopreservação. É por isso — ele apontava, agitado, para a cena de sua primeira encarnação — que sobrevivemos a toda aquela encrenca.

Joshua acenou e concordou:

— Todo espírito é criado com esse instinto, chamado de autopreservação.

— Sim — disse Andrew quase sem fôlego. — Mas isso também bagunça as coisas. — O espírito contou ofegantemente o que fervia em sua mente: — Quando um espírito encarnado na Terra se sente ameaçado, o instinto assume o controle.

Joshua percebeu que Andy estava no meio de um raciocínio, então decidiu ficar de boca fechada enquanto ele desenvolvia sua linha de pensamentos.

O guia sabia que Andrew fora tocado pelo lugar especial. As sementes que foram plantadas nele, afinal, estavam brotando. E Joshua sabia que seu aluno também estava inspirado pelo outro lugar. Aquelas sementes de dúvida e medo só poderiam ser dominadas pelo próprio Andy.

— Como você disse — extravasou Andrew —, autopreservação é nosso instinto mais básico. Nós nascemos com ele e, quando ele sai de controle, nós somos marionetes das mais baixas de todas as vibrações: medo, raiva e fúria.

Do nada, uma imagem da Terra apareceu. Era a mesma que Andy tinha visto com Phil quando eles visitaram o lugar especial. Mais uma vez, ele viu as vibrações de cores diferentes existindo uma ao lado da outra.

O vermelho do amor e do ódio.

O verde da inveja e da esperança.

O roxo da cura e do medo.

O branco da sabedoria e o cinza da ignorância.

Mais uma ligação.

— E é por isso que *eles* existem — disse Andy, solenemente. — Eles existem por nossa causa. Nós os atraímos. Nós damos atenção a eles. Eles se alimentam de nós. De certa forma, nós impedimos sua evolução.

Silêncio.

O guia perguntou, com ironia:

— Quando diz "eles", você não está se referindo aos espíritos do outro lugar, está?

— Com certeza. A única maneira de os espíritos evoluírem é aprender que não há o que temer. Precisamos perceber que somos um só em comum com todos e então temos de viver nossas vidas tendo isso em mente.

Andrew calou-se, pensando naquilo que acabara de dizer.

— Temos de aprender — disse ele, pausando em cada palavra — a confiar.

(Sirenes sibilam e luzes piscam para Andy!)

Naquele instante, uma ondulação no lago de Andy trouxe novas imagens para a superfície das vidas passadas. De novo a voz de Phillip fazia-o lembrar uma lição esquecida.

"Somos todos criados da mesma fonte."

O suave espelho do lago tremulou e formou uma onda. A onda trouxe mais das vidas de Andy.

Tibete, século 4

Andrew quase podia sentir o cheiro doce do incenso queimando dentro do grande mosteiro budista. Ele viu e ouviu seu professor, um monge velho e enrugado, falando com ele em tons calmos e sussurrantes sobre os mistérios da vida.

Agora, anos depois e assistindo através das lentes do tempo, Andrew percebeu que ali foi quando ele começou a procurar por alguma coisa maior que ele.

— Comecei a ver nosso lugar na grandiosidade das coisas — disse a Joshua. — Destino, carma e responsabilidade pelas ações são as verdades que tentei alcançar.

Polônia, século 17

Um jovem sério e forte usando uma bata negra estuda em um pequeno quarto de seminário, iluminado por luz de velas. A única decoração do pequeno cubículo é um crucifixo de madeira preso na parede. O jovem é Andrew, estudando para ser um padre católico, na esperança de seguir os passos de Cristo.

Ele levava sua religião a sério e seguia-a o melhor que podia. Quando se via diante de desafios, problemas ou tentação, ele se perguntava: "O que Jesus faria?"

Andrew recordou:

— Daquela vida, aprendi sobre humildade, sacrifício, amor ao ser humano e fé.

Rússia, século 19

Uma pequena e pobre vila na zona rural. Dos telhados cobertos pela neve, surgiam finas espirais de fumaça preta no ar. Em uma das pequenas cabanas que pontuavam a paisagem de inverno, um rabino de respeitáveis barbas ensina o Talmude a seus alunos. O rabino é Andrew.

— Estudei o Velho Testamento e lecionei tradição, justiça e fé na soberania divina e poder de Deus. Este era um Deus que zelava por seus filhos.

Egito (Oriente Médio), século 9

Os dois espíritos ouviram um zunido contínuo vindo da mesquita que se erguia em meio à cidade.

Era hora da oração da tarde e Andy viu a si mesmo em uma mesquita, ajoelhado na direção de Meca, entoando suas preces entre centenas de outros.

— Eu era um muçulmano e nesta jornada tive o desejo de servir a Alá, mesmo que isso significasse sufocar meus próprios desejos em prol de sua vontade.

Inglaterra, século 19

A cena era na famosa esquina dos oradores, no Hyde Park, um lugar onde cidadãos comuns faziam discursos sobre qualquer assunto que desejassem. Andy estava lá, agitando seus braços no ar, esbravejando contra o Império Britânico. Ele era um humanista, pacifista, liberal e ateu.

— Acho que foi desta vida que aprendi mais — recordou.

— Você começou a formar seus próprios pensamentos e idéias ao invés de seguir o que outros diziam — sugeriu Joshua.

— Foi mais do que isso. Eu comecei a ver que os problemas da vida não eram criados por Deus, mas por nós mesmos.

O lago estava imóvel. Nenhum movimento, nenhuma onda.

Joshua sabia que Andy, agora, depois de ver algumas de suas muitas encarnações, entenderia facilmente o que ele estava para dizer.

— Em espírito, só existe um tempo e pessoa verbal: sou. Não há fui, é ou será. Só há sou.

O lago começou a borbulhar e espumar. Seu movimento calmo revelou, numa onda depois de outra, as encarnações de Andy. Ele as viu passando, uma a uma, e ele percebeu o "sou". Não mais "era ele um rabino", não mais "era ele um padre", não mais "era ele um muçulmano", não mais "era ele um pai, mãe, irmã, irmão".

— Eu sou um — ele definiu. — E sou todos eles e mais. Eu sou espírito.

O lago estava calmo. Enquanto eles olhavam para a água azul cristalina, Josh decidiu compartilhar algumas idéias de suas vidas na Terra.

— Existem níveis diferentes de desenvolvimento na Terra. Eles são chamados culturas. Em cada cultura existem pequenas partes de verdade. Em minhas viagens, eu descobri que nenhuma cultura tem toda a verdade, nenhuma sociedade tem todas as partes. Eu conheço as verdades que você procura — assegurou o guia para seu pupilo. — Serão reveladas em partes e, quando você estiver pronto, todas as partes se completarão. Andrew — finalizou o guia dramaticamente —, acho que você já está pronto para a próxima pequena parte.

7

Meditação do "Nós pertencemos"

Relaxe. Respire fundo, demoradamente. No último capítulo, você viu Andy analisar algumas de suas vidas passadas. Ele se tornou um consigo mesmo e com a Criação.

Vamos tentar fazer isso agora.

EU SOU O QUE SOU.

EU ESTOU AQUI NESTE TEMPO E LUGAR
POR CAUSA DO QUE VEIO ANTES.

TODO SER VIVO NESTE PLANETA ESTÁ AQUI
POR CAUSA DO QUE VEIO ANTES.

EU SOU UNIDO AO MEU VIZINHO.
EU SOU UNIDO AOS ESTRANHOS.
NÓS SOMOS UNIDOS UNS AOS OUTROS.

ASSIM É COMO SEMPRE FOI.
E ASSIM É COMO SEMPRE SERÁ.

Depois que você fizer este exercício algumas vezes, pense sobre o que ele significa. Se você está onde deveria estar, não há razão para a inveja ou a revolta. Tente mudar o modo como você vive sua vida baseado nessas palavras. Tente pegar a si mesmo quando estiver zangado ou com medo. Lembre-se de quem e o que nós somos.

Nós somos todos espíritos eternos, criados da mesma fonte. Não há razão para temer ou odiar um ao outro. Quanto antes você perceber isso, mais depressa sua vida vai mudar, e logo você estará preparado para a Nova Era.

8

Andy diz sim
Fim de setembro de 2000, na Terra

Excitação e apreensão. Existe uma sutil diferença entre essas duas emoções. Nesse momento, porém, Andy mal sabia dizer qual era essa diferença, porque as duas emoções fluíam por todo o seu ser. Excitação porque seu novo guia disse que ele estava pronto. Apreensão porque ele não tinha a menor idéia de para que ele estava pronto.

No entanto, não havia tempo para perguntas. Antes que Andy pudesse formular a primeira, ele e Joshua tinham partido, deixando a calma e azul harmonia para trás.

Instantaneamente, os dois espíritos estavam no plano terrestre, no meio de um cruzamento movimentado de uma grande cidade.

Excitação!

Era hora do almoço em Tóquio. A multidão agitada do meio-dia rodeava Andy e Joshua. Em volta e, literalmente, através deles, milhares de pessoas se apressavam para compromissos, compras e restaurantes, cada um vivendo sua vida singular no meio da selva urbana.

— Dê uma olhada à sua volta. Existem bilhões de histórias, idéias e emoções diferentes nos rodeando — disse Joshua, observando o movimento. — E eles estão todos ligados por um fio comum: são espíritos encarnados na Terra.

— Se pelo menos eles soubessem disso — refletiu Andy, amargamente —, a Terra seria um lugar diferente.

— Esse tempo está chegando e virá antes do que a maioria das pessoas imagina — disse Joshua.

Apreensão!

Mas seriam as próximas palavras do guia que iriam chocar Andy e virar seu mundo de cabeça para baixo.

— Tudo isso vai acabar. A vibração da Terra está mudando.

Andy ficou imóvel.

O alto rumor da cidade virou silêncio. Andy já não podia ouvi-lo.

O apressado grupo de pessoas ao seu lado nas calçadas lotadas parou de se mover, transformando-se em uma imagem suspensa no tempo.

Carros, táxis, ônibus, carrinhos de mão, bicicletas, motocicletas viraram um grande borrão colorido.

Tudo foi perdendo a forma, misturando-se numa só imagem.

A única coisa que Andy ainda ouvia eram as palavras de Joshua. Elas soavam em seus ouvidos:

"Tudo isso vai acabar. A vibração da Terra está mudando."

A mancha de cores e sons à sua volta derreteu e sumiu. Tudo estava parado. Tudo deixou de existir, exceto Joshua, em pé ao lado dele, fitando, sem nenhuma emoção, os olhos de Andy.

— Não se preocupe, não é o fim do mundo. É um novo começo para o mundo. Você vai saber mais...

— Quando eu estiver pronto — interrompeu Andy, impaciente.

— Isso mesmo. Quando você estiver pronto — confirmou Joshua, com paciência.

A mancha entrou em foco, os borrões de cor se alinharam e os ruídos da grande cidade voltaram aos ouvidos de Andy. Ele olhou em volta: tudo estava normal, tudo estava como devia ser. Mas, daquele momento em diante, nada mais voltaria ao normal para Andy.

"Tudo isso vai acabar", as palavras de Joshua ecoavam em sua mente.

E, levando essas palavras com ele, eles se foram. Tão rapidamente quanto surgiram em Tóquio, eles desapareceram. Joshua e Andy estavam agora em uma área remota e solitária da América do Sul.

Eles estavam em um vale, em meio a duas extensas cadeias de montanhas. Em frente a eles, um fazendeiro solitário irrigava sua plantação. Os únicos sons vinham do suave cair da água sobre as plantas verdes e cobertas de folhas e o alegre cantar dos grilos.

Andrew olhou para a cena. Como era diferente das ruas agitadas e frenéticas de Tóquio onde eles estavam há apenas alguns segundos!

"Tudo isso num mesmo planeta", Andy se maravilhou.

O contraste também fora percebido por Joshua. Na verdade era parte de seu plano.

— Agora mesmo, no outro lado do mundo, as pessoas estão transbordando de prédios de escritórios, correndo para os compromissos da hora do almoço. E aqui — disse o guia em um tom sussurrante — um homem solitário molha suas plantas. A Terra é mesmo um lugar fascinante.

Andy estava feliz em descobrir que Joshua sentia de verdade o mesmo que ele a respeito da Terra. Esse planeta era positivamente um lugar fascinante.

O sol começava a se pôr em um glorioso tom alaranjado e dourado. Joshua se voltou para seu aluno e, ainda falando quase num sussurro, disse:

— E você viveu tudo isso. Você viu e experimentou tudo que a Terra pôde oferecer. Você é um espírito terrestre, de verdade.

Excitação e apreensão.

Andy assentiu. Ele ainda não tinha a menor idéia de onde toda aquela conversa ia levar, mas sentia que estavam finalmente chegando a algum lugar.

Pela quinta vez, ele ouviu a voz de Phil atravessando o tempo e espaço e repetindo, mais uma vez, uma lição de um remoto passado.

"Encarnação é uma necessidade imposta por Deus como

um meio de atingir a perfeição. Para alguns espíritos ela é uma reparação; para outros, uma missão."

Joshua, que também ouviu as palavras, reafirmou-as. Andy sabia que uma verdade estava para ser revelada. Ele estava pronto.

A fazenda solitária e o espetacular pôr-do-sol dourado eram um cenário deslumbrante.

"Joshua deve ter sido um produtor de Hollywood", brincou Andy consigo mesmo. "Ele tem uma queda pelo dramático."

E Joshua continuava ajustando o cenário.

— Você viveu em toda situação possível na Terra: guerra, epidemia, fome, pobreza e riqueza. Você viu e experimentou quase toda vibração existente na Terra.

— Esta foi a abertura — observou Andy, espertamente decidindo deixar suas brincadeiras para si mesmo.

— Muitos espíritos começam ciclos de encarnação em mundos menos desenvolvidos. Você não. Você cresceu e evoluiu com a Terra. Tem alguma idéia do porquê?

Andy deu de ombros. Ele não tinha nem uma pista, mas ele sabia que Josh estava deliberadamente elevando os níveis de ansiedade. Por que o guia não ia direto ao assunto?

Excitação e apreensão. Ambas corriam pelo ser de Andy.

Joshua piscou. Ele sabia que Andy estava uma pilha de nervos, mas continuava a incrementar o suspense. "Um guia tem o direito de se divertir", disse a si mesmo.

— Você é um modelo de espírito terrestre. Em simplicidade e ignorância você entrou em um mundo simples e ignorante. Você aprendeu e evoluiu com ele. Não existem muitos como você por aí.

Joshua estava certo e Andy sabia disso. Ele era atraído não apenas pela vibração terrestre, mas também pelos espíritos que ali viviam. Mas a atração não continha ilusões.

Andy sabia que os espíritos encarnados na Terra eram capazes de ser mesquinhos, assim como eram capazes de ter grandeza. Em suas vidas ele viu grande mal, mas também testemunhou o amor, a compaixão e a bondade.

— Eu amo a Terra, apesar de suas falhas. Eu a amo por suas virtudes. Nesse caso, acho que você pode me chamar de um verdadeiro "espírito terrestre" — ponderou Andy, em voz alta.

— Você sabe, Andy, às vezes nós encarnamos para pagar ou consertar algo que fizemos ou deixamos de fazer. De vez em quando escolhemos as circunstâncias de nossas vidas, escolhendo o que nós precisamos para aprender. E às vezes, por causa do carma, as circunstâncias são escolhidas para nós. E ainda existem as vezes, como agora, quando o carma e o aprendizado se juntam para formar uma missão.

Os únicos sons quebrando o silêncio eram os grilos cantando e a água caindo da mangueira do fazendeiro enquanto ele, sem notar a presença dos espíritos, continuava a cuidar de sua colheita.

— O que você acharia de ser um "confortador terrestre"? — propôs Joshua.

Sem um só instante de hesitação, Andy respondeu:

— Como era você?

— Sim e não. Nós nascemos para ajudar o início de uma era; os novos confortadores ajudarão a preparar uma nova. Mas, assim como aqueles primeiros confortadores, você não estará sozinho. Haverá milhares como você. Alguns já estão encarnados.

Já não havia mais apreensão. Ela se dissipara. Tudo que sobrou foi a excitação diante das possibilidades.

O guia sorriu e esfregou as mãos.

— Hora das perguntas! — exclamou, animado.

— Eu só tenho uma — respondeu Andy, suavemente. — O que tenho de fazer?

Joshua foi pego de surpresa. Ele estava esperando um turbilhão de perguntas.

— Ensiná-los a confiar — foi sua resposta.

Andy ergueu uma sobrancelha e esperou que Joshua explicasse.

— Mostrar a eles que estão todos ligados uns aos outros. Ensiná-los que não há nada a temer.

Enquanto Andy meditava sobre as palavras do guia, Joshua alertou o candidato a confortador:

— Não vai ser fácil. Existe muito trabalho pela frente. Você vai ter de se preparar para ver a Terra e a si mesmo como você jamais viu antes.

— Estou pronto — foi tudo que Andrew disse.

E, com essas palavras, ele deu mais um passo em sua longa e difícil jornada de dúvida e descobrimento.

Ele tinha dado o primeiro passo: a revelação em Nova York.

Ele tinha dado o segundo: foi tocado pelos dois lugares do Universo. Ele podia agora escolher entre as dúvidas do "outro lugar" e a fé do "lugar especial".

Ele tinha dado o terceiro passo: tornou-se um consigo mesmo.

Havia muitos, muitos passos pela frente, e cada um era único. Ele tinha de superar suas dúvidas, controlar sua raiva e dominar sua impaciência. Estes seriam os próximos.

Andy então olharia para a Terra como nunca a olhara antes.

Passos... Alguns grandes, outros pequenos. Todos parte da jornada de dúvida e descobrimento de Andy.

Seria uma jornada de dúvidas, porque ele teria de confrontá-las.

Seria uma jornada de descobrimento, porque lhe daria, se ele superasse suas dúvidas, o direito a uma olhada na Nova Era.

Chegava a hora de Andy encontrar o Mestre. O próximo passo, um passo de testes, estava para começar.

9

Exercício do um

No capítulo anterior, Andy e Joshua, nas ruas de Tóquio, falaram sobre unificação. Joshua observou como cada um dos bilhões de viventes na Terra estão conectados por uma linha comum: todos somos espíritos da mesma fonte.

Andy comentou: “Se eles soubessem disso, o mundo seria um lugar diferente”.

Como seria diferente?

Em primeiro lugar, haveria muito menos inveja e ciúme. Nós todos saberíamos que fazíamos exatamente aquilo que devíamos fazer.

Em segundo lugar, como alguém de nós poderia odiar, se soubéssemos que viemos da mesma fonte e estamos aqui trabalhando, cada um a seu modo, em um desenvolvimento espiritual?

Portanto, aqui vai mais um pequeno exercício. Como os anteriores, foi pensado para ajudá-lo a se preparar para a Nova Era. E, como nos anteriores, não há nenhuma magia envolvida. As palavras são reflexões; você tem de se empenhar para colocá-las em ação.

EU FUI AQUILO QUE TINHA DE SER.
EU SOU O QUE TENHO DE SER AGORA.

SE EU NÃO TENHO NADA,
É PORQUE EU NÃO PRECISO DE NADA.
EU TIVE TUDO ANTES E JÁ APRENDI.

SE EU TENHO MUITO,
É PORQUE EU PRECISO APRENDER COM ISSO.
EU TENHO DE APRENDER A DAR, A COMPARTILHAR.

EU POSSO TER SIDO UM REI...
EU POSSO TER SIDO UM GUERREIRO...
EU POSSO TER SIDO UM ESCRAVO...
EU FUI O QUE TINHA DE SER.

NÓS TODOS FOMOS.
NÓS TODOS SOMOS.
NÓS TODOS SOMOS UM
PORQUE NÓS TODOS FOMOS CADA UM.

10
Andy encontra o Mestre

O sol sumiu atrás do horizonte e a escuridão se apressava em preencher os espaços que antes continham luz. O fazendeiro solitário tinha terminado seu dia e agora caminhava para casa em um caminho de terra usado por gerações antes dele.

Mas Andrew e Joshua já não estavam ali. Eles deixaram a vibração terrestre para trás, trocando-a por uma nova, uma especialmente projetada para o próximo passo de Andy na estrada para se tornar um confortador.

Esta nova vibração era feita de tudo que ele já foi ou é. Ela continha todos os seus ideais e dúvidas, sonhos e medos, e refletia suas inseguranças e ansiedades. Os pontos fortes e fracos e as emoções de Andy lhe deram as boas-vindas à vibração. Ele se sentia como uma ilha tropical durante as sombrias horas que antecediam uma tempestade. Andy percebeu quase como se houvesse uma corrente elétrica constante, mudando ritmos ao seu redor.

Andy percebeu que ele era a ilha e entendeu que a tempestade que se aproximava era a esmagadora força de suas emoções. Ansiedade, apreensão, excitação e desejo; todas as suas emoções serpenteavam à sua volta.

Ele realmente queria ser um confortador, mas estava ciente de que teria de dominar suas emoções. Ele teria de dominar a tempestade distante e sabia que esta vibração era um teste.

Há muito tempo, Phillip lhe ensinara que emoções podem ser uma ferramenta poderosa na evolução dos espíritos. O guia explicou que as emoções "dão ao espírito a paixão pela grandiosidade", mas, alertou, "se elas saírem de controle, podem ser sua ruína".

Andy estava prestes a comentar isso com Joshua quando uma voz profunda e cavernosa chamou a atenção deles:

— Acho que eu assumo de agora em diante.

Tanto Joshua quanto Andy instintivamente se voltaram na direção da voz. Não havia nada lá. Josh simplesmente acenou com a cabeça e sorriu para o espaço.

— Andrew, lembra-se do colégio? A partir de agora, você vai ter professores especiais para cada passo do caminho. E — revelou — adivinha só... Já é hora do próximo passo.

Com um dramático movimento dos braços, mais uma pausa teatral, ele apresentou o novo guia de Andy.

Na frente deles, o espírito se materializou. Andy engoliu em seco. Ele, abobalhado e obedecendo a um reflexo adormecido, fez uma reverência.

"Isso sim é que é uma entrada", murmurou Andy, para si mesmo.

Parado diante dele estava um velho monge budista, magnífico em um simples mas elegante manto vermelho. A pele do homem era ressecada e enrugada, mas sua entidade irradiava uma aura pulsante e com uma coloração capaz de envergonhar um arco-íris.

— Mestre — disparou Andrew aprumando-se depois de sua reverência para deparar com a face brilhante de um velho amigo. Os olhos negros do velho dançavam enquanto os dois tentavam calcular há quanto tempo não se viam.

— Não sei por que você está tão surpreso — provocou Run-Chi. — Já se esqueceu de um dos grandes ensinamentos de Buda? "A vida é mais velha do que você imagina" — recitou o monge. — "Trate todos como se fossem sua mãe, pai, irmã, filho ou filha, porque em algum momento eles o foram."

O mestre e seu antigo aluno riram juntos, relembrando uma

lição atemporal sobre a unidade. Andrew sentiu que estava de volta ao mosteiro de Lhasa, no Tibete, sentindo o quase esquecido aroma doce e azedo do óleo das lamparinas acesas e do incenso queimando. Mas o cheiro do perfume que já fora familiar em uma encarnação de longo tempo atrás mal havia sido registrado quando Andy percebeu que não estava no Tibete.

Ele sabia que ele era a ilha aguardando a tempestade e o espírito em pé na frente dele não era o mesmo monge que no passado o conduziu pelo caminho budista da iluminação.

O velho leu os pensamentos de Andy. A face enrugada e imberbe dobrou-se numa risada.

— Você também já não é o mesmo, Son Li — observou o Mestre, chamando-o pelo nome que tinha naquela encarnação. — E é assim que deve ser. Nada fica parado. Nada é sempre o mesmo.

Ele estava satisfeito com o desenvolvimento espiritual do pupilo e feliz por se ver novamente no caminho de Andy.

Run-Chi era agora um Mestre do lugar especial, dedicando seu tempo, energia e talento à evolução da esfera terrestre. Run-Chi sabia que Andy tinha dado uma olhada no lugar especial e também no outro lugar. Logo, o Mestre iria colocar aquelas duas forças contrárias dentro de Andrew, uma contra a outra. Run-Chi sopraria os ventos das emoções de Andy, que já começavam a agitar o antigo aluno.

Os passos da jornada de Andrew em direção ao despertar espiritual eram um caminho estreito e sem volta. O velho monge tinha de ter certeza de que seu antigo aprendiz estava pronto para a missão.

O monge sacudiu a cabeça suavemente. Ele também saboreava uma cena de séculos passados. Seus pensamentos recriaram o mosteiro onde uma dúzia de rostos ansiosos e atentos seguiam suas palavras enquanto ele revelava a sabedoria por trás dos ensinamentos do Iluminado.

Sua mão se ergueu e agitou o ar em frente ao seu rosto, apagando aquelas imagens de sua mente. Agora não era hora para o passado, agora era hora de lidar com o presente.

— Hoje, eu trabalho no lugar especial com cientistas, historiadores, doutores e economistas. — Ele riu e acrescentou: — Nós temos também alguns políticos e advogados. Através da comunicação espiritual, estamos constantemente inspirando, ensinando e falando com os espíritos terrestres. — Então, em uma voz cansada e conformada, ele suspirou: — Fazemos o melhor que podemos.

Joshua, silenciosamente assistindo à reunião, lembrou a Andrew que tanto ele quanto Run-Chi eram do "lugar especial", e enfatizou que os espíritos de lá estavam muito interessados em Andrew.

O monge seguiu a deixa de Joshua e foi direto ao assunto:

— Eu soube que você quer ser um confortador na Terra.

Andrew fez que sim com a cabeça, mas conhecia Run-Chi bem o bastante para saber que o monge não estava fazendo um comentário, ele estava lançando um desafio. Repentinamente, Andy sentiu um violento golpe de vento atingir sua ilha e mais uma vez sentiu a perigosa excitação da tempestade que se aproximava.

Os olhos do Mestre não desgrudavam de Andrew enquanto ele continuava a testar seu antigo aluno.

— Por quê? — perguntou o Mestre.

Andy vasculhou sua mente em busca de uma resposta. Ele olhou para Joshua e logo percebeu que dali não viria nenhuma ajuda. Ele estava por sua própria conta.

— Por que você quer ser um confortador? — pressionava o Mestre calma e firmemente. — Não é uma pergunta difícil.

— Para ajudar — Andy respondeu sem firmeza. — Eu vi os confortadores guiando a mim e aos outros em minha primeira encarnação, então pensei que talvez eu estivesse pagando um favor — concluiu com um sorriso e imediatamente se arrependeu de sua irreverência.

— Tem certeza de que não é por ego? Se for, não desperdice seu tempo nem o nosso. Seu desejo é o de ser alguém importante? Você não vai ser. Você pode até ser ridicularizado. Pode aceitar isso? Eu preciso saber de suas intenções — insistiu o Mestre — e você também deveria. Só poderei aceitá-lo quando estiver certo de que você sabe o que está envolvido.

Run-Chi então perguntou se Joshua tinha contado todos os detalhes para Andrew. Como ninguém respondeu, o Mestre sorriu com cumplicidade.

— Joshua é um bom vendedor, mas, como a maioria no ramo, ele tem a tendência de não falar o preço.

Um Joshua penitente e um Andy inseguro riram com o velho monge. Mestre Chi notou que Joshua não fizera por mal.

— Ele é um excelente guia e, como todos nós, sabe o que está em jogo, mas — o Mestre voltou-se para Andrew — ele chegou, como dizem na Terra, às letrinhas miúdas do contrato?

Novamente, Joshua não disse nada. Nem Andrew.

O velho fechou os olhos e acenou com a cabeça.

— Como eu pensei.

— Olhe, eu sei o que está envolvido — protestou Andrew.

Ele explicou que fez uma retrospectiva da alma e viu sua primeira encarnação na Terra.

— Eu vi os confortadores em ação. Eu posso fazer isso.

O Mestre sacudiu a cabeça vigorosamente.

— Não é o bastante!

Mas Andrew não se deixaria impedir.

E a tempestade começou a rodar e girar à volta dele, carregando suas inseguranças e apreensões. Andy sabia que ele teria de ter as emoções sob controle ou estaria perdido. Ansiedade. Medo. Desespero. Andy lutava o melhor que podia.

— Fui levado a Nova York, eu sei o que vai acontecer — exclamou o espírito, impaciente.

O Mestre agitou a mão bruscamente, dispensando o que Andrew dissera.

— É só um acontecimento, como milhares antes e milhares depois. Para ser um confortador, você tem de ver além dos eventos e entender os porquês. Você tem de entender as infinitas combinações das conseqüências.

Andy teve a impressão de que estava de volta ao mosteiro. Lá também o Mestre falava por charadas.

Mas, uma vez mais, Andy foi lembrado de que não estava no Tibete. Sua ilha balançava diante da fúria da tempestade se aproximando. Andy sabia que as emoções saíam rapidamente de controle. Ele lutava consigo mesmo. Ele não podia perder sua calma na frente do Mestre e de Joshua. Se perdesse, certamente não iria poder ser um confortador.

— Estive nos lugares especiais, e vi a Terra como ela é — argumentava fútil e ineficazmente, mal ouvindo a si mesmo em meio à ventania e agitação ao seu redor.

— Eu vi o Universo como ele é — suspirou o velho monge — e ainda assim não tenho todas as respostas.

Joshua também sentiu a tempestade de paixões furiosas surgindo ao redor de Andy e sabia que Run-Chi estava por trás daquilo, testando seu antigo estudante. Joshua estava preocupado, temendo que Run-Chi talvez rejeitasse Andy, simplesmente. Joshua sabia que Andrew, apesar de sua impertinência e impaciência, era o espírito certo para a missão.

Mas Josh sabia que precisavam ter certeza. Havia muito em jogo para confiar aquela missão a um espírito que não estava pronto. Além do treino intensivo antes de encarnar, havia ainda o tempo terrestre para que o corpo físico do espírito amadurecesse. No mínimo, de dezoito a vinte anos passariam até que o confortador pudesse iniciar sua missão.

Então viriam as dificuldades da missão, propriamente dita. Alguns dos confortadores seriam mal compreendidos, até mesmo ridicularizados por muitos na Terra. Aquele mundo era o lar de espíritos de muitas vibrações diferentes, e a maioria não teria a menor idéia sobre o que os confortadores iriam falar. A mensagem deles seria de esperança e fraternidade em um mundo de violência e medo.

Run-Chi e o lugar especial precisavam ter certeza de que Andy estava não só pronto mas também empenhado. E, mais importante, tinham de ter certeza de que Andy era o espírito que, uma vez encarnado, poderia ser alcançado pela inspiração do lugar especial.

Uma vez dentro do denso corpo físico da Terra, os confortadores esqueceriam por que haviam nascido. O Mestre sabia que, para alcançá-los, ele teria de atravessar seus egos, emoções e paixões. Ele trabalharia com Andy nisso. Agora Run-Chi queria ver se Andy era capaz de se controlar.

Andrew procurava freneticamente por um solo firme em sua ilha, tentando fugir, de qualquer maneira, de sua ansiedade e impaciência. Ele recebeu a oferta de uma chance de ajudar o progresso de espíritos humanos e ele queria desesperadamente essa chance.

Enquanto seus impulsos e instintos borbulhavam ao seu redor, Andy lutava por controle. Ele se viu no meio de um furacão cheio de sua própria ansiedade, impaciência e impulsividade instintiva.

Ele chegou a uma decisão. Ao invés de ser esmagado pela tempestade, ele a usaria. Ele fez o que Phil tentou ensiná-lo tantas vezes: Andy entrou em contato com suas paixões e lutou para controlá-las. Ele agora estava no centro de seu furacão particular e estava resolvido que seria ele que iria dominar a tempestade.

Ele direcionou sua paixão para os dois guias.

— Eu faço parte da Terra mais do que qualquer um de vocês. Eu a amo. Eu sinto por ela e sofro por ela — começou Andy, com uma calma surpreendente. — Mais do que qualquer um de vocês, eu sei como é aquele planeta.

Joshua ouvia impassível.

Run-Chi acenou com sua cabeça e agitou a mão no ar, permitindo a Andy que prosseguisse.

— No Tibete — disse Andy — eu acordava uma hora mais cedo só para andar na neve. Ainda posso ouvir o barulho que fazia quando minhas sandálias pisavam nela. E em noites claras, quando a neve refletia a lua, era como viver em um sonho em branco. Sei que a Terra pode ser um lugar de beleza e maravilhas.

Run-Chi não disse nada. Ele simplesmente encarava Andy.

E Andy dominava sua tempestade exatamente como ele queria. Ele estava confiante. Ele estava no controle. Ele comandava seus instintos, e não o contrário.

— Em uma encarnação eu vi um bombeiro tirar uma criança de uma casa em chamas, segundos antes de as paredes desabarem. A criança sobreviveu; o bombeiro morreu. Ele deu sua vida por aquela criança. Eles têm bons instintos também — disse, olhando para Joshua.

O guia sorriu, lembrando a conversa deles sobre instintos.

Mas Run-Chi ainda não dizia nada. Ele apenas ouvia.

— Eu me lembro dos amigos. Eu me lembro de pessoas que confiavam em mim, pessoas que precisavam de mim e pessoas de quem eu precisava. Eu me lembro de muitas coisas que deixei inacabadas. Eu não posso evitá-los porque sou parte deles e eles são parte de mim. Você já me ensinou isso: o que já foi inteiro não pode voltar a ser inteiro até que todos voltem para casa. Deixe-me ajudá-los a achar seu caminho para casa", implorou Andy.

Ainda nada da parte do Mestre.

— Eu não falo em enigmas. Eu falo a língua deles, simples e direta. Dê-me uma chance — implorou.

Olhando para os dois guias, ele sentiu sua energia crescer. A cada momento que passava, ele ficava mais forte e confiante enquanto se abria para seus instintos. Ele confiava neles e estava firmemente no controle.

— Antes de chegar aqui — voltou sua atenção para Joshua — nós visitamos uma fazenda pequena, pobre e miserável na América do Sul. Era um lindo pôr-do-sol, lembra?

Joshua assentiu.

— Mas a beleza — sussurrava Andrew — não estava no pôr-do-sol. A maravilha e magnificência estavam no fazendeiro: um espírito vivendo uma vida de pobreza, abandono e ignorância. Ali naquela montanha solitária, eu vi a perfeição e poesia da Criação em um simples espírito a quem foi dada a chance de aprender e crescer com a humildade, de entender a simplicidade da vida e a complexidade do Universo. Aquele espírito, vivendo como um fazendeiro pobre e analfabeto, tem a chance de evoluir. É isso que significa a Terra: oportunidades. Ele está na mesma estrada, mas em faixas diferentes, que executivos que vimos em Tóquio. Nenhum é melhor ou diferente, e... — Andrew fez uma pausa, procurando um momento pelas suas próximas palavras e disse: — Eu acho que é isso que eles esqueceram.

Run-Chi estava intrigado. Ele pediu a Andy para explicar e prestou muita atenção à resposta.

— Eu acho que eles esqueceram quem eles são. As coisas foram muito rápidas. Eles foram à frente de si mesmos. Eles ficaram obcecados com o exterior: a posição social, o dinheiro, poder, estilo de vida e tecnologia. Eles estão tão envolvidos consigo mesmos que acabaram se negligenciando.

— Você está dizendo — perguntou Run-Chi — que só os espíritos encarnados vivendo vidas simples e ignorantes estão em contato com eles mesmos?

Andrew riu e Joshua sorriu, enquanto eles lembravam da lição do "simples e ignorante".

— Claro que não. Em uma outra vida o fazendeiro pode ter abusado do poder e agora poderia estar vivendo uma lição de humildade. Mas, veja, é disso que se trata a Terra. É o lugar das oportunidades. E é tudo que eu peço: uma chance de encarnar como um confortador. Eu quero a chance de ajudá-los a ver a si mesmos pelo que eles realmente são: espíritos eternos unidos pela mesma fonte.

Joshua, longe do olhar do Mestre, sorriu e fez a Andrew um sinal de positivo. Ele estava satisfeito, e seu sorriso deu a Andy a coragem e confiança para continuar.

— Eu posso ajudar porque sou um deles. Sei como falar com eles em linguagem direta e sem bobagens, que eles podem entender. Eles estão confusos. Acho que posso transpor essa confusão.

O monge, no entanto, ainda estava silenciosamente fitando Andrew. Ele bateu no queixo com os dedos. Pelo que pareceu uma eternidade, os dedos velhos e enrugados escorregavam para cima e para baixo no queixo do monge que avaliava Andrew.

Andy, de sua parte, tinha sua tempestade sob controle. Ele estava calmo. Ele estava confiante. Ele era Andy. Enquanto os segundos passavam, Andy estava certo de que fizera o melhor possível. Não havia nada mais que pudesse exigir de si mesmo.

Tique-taque. Tique-taque. Os segundos passavam agonizantemente lentos. Mas Andy manteve a calma e se voltou para o olhar calmo do Mestre, fitando os olhos límpidos e negros do monge.

Finalmente, o Mestre falou.

— Você tem uma grande paixão. Você vai precisar dela. Mas, ainda mais importante que isso, você controlou suas emoções e seu instinto. Eu vi a tempestade de emoções que chegava enquanto eu desafiava você. Porque fui eu que a provoquei. — Run-Chi acrescentou com um sorriso: — E vi você vencê-la.

Um fraco sorriso se formou no rosto de Andy. Ele não tinha a menor idéia de que mais alguém conhecia sua tempestade particular.

— Há muito trabalho — avisou o Mestre —, e você tem de admitir que tem um histórico de desistência.

Andy assentiu, reconhecendo que o Mestre estava certo. Sua análise da alma confirmou o que ele sempre soube: disciplina e paciência nunca foram seu forte.

— Nós não queremos que você mude de idéia se achar que não está pronto para o trabalho — advertiu o velho monge.

— Entendo — foi a resposta que Andy resmungou.

— E — continuou o monge — não queremos que seu ego e sua paixão atrapalhem.

Andy concordou fazendo um sinal com a cabeça.

— Você estudará a história da Terra... — começou o velho, mas interrompeu-se, respirou fundo e corrigiu-se: — Você viverá a história da Terra pelo lado espiritual. É bem diferente de vivê-la pelo lado físico. É uma longa estrada que você vai percorrer. Você precisará de paciência e determinação. Agora, pelo menos, você me mostrou que isso é possível.

Andy estava aliviado. Ele tinha a sensação de que passara no teste, mas Run-Chi ainda não havia acabado.

— Suas palavras não me influenciaram. Já as ouvi no passado. O que me convenceu foi que você controlou seus instintos para discutir, lutar e desistir com fúria. Como eu disse, eu senti a tempestade ameaçadora, também.

— Você é um espírito terrestre — acrescentou Joshua. — E dos apaixonados. Francamente, foi por isso que o escolhemos. Mas isso também cria um problema. É aí que entra o Mestre.

Andy esperou que Joshua explicasse.

— A maioria dos espíritos encarna em mundos diferentes antes da Terra. Mas sua encarnação começou lá. Seu início também foi o início da Terra. Você pode dizer que um tirou a virgindade do outro.

Até Run-Chi riu da tentativa de Joshua de ser engraçado.

— Você é um espírito — continuou Josh — que cresceu e evoluiu com a Terra. Sua vibração é parte de você e você é parte dela. É por isso que você é perfeito para esta missão.

Andy já tinha ouvido o discurso de Joshua antes. Ele esperava pelo grande "mas". Sabia que estava chegando.

Run-Chi riu. Ele ouvira os pensamentos de Andrew. O Mestre piscou, com cumplicidade, confirmando que ainda vinha muita coisa pela frente.

Joshua continuou:

— Missões confortadoras não são fáceis. Nunca são. A história terrestre está cheia de confortadores, alguns famosos e outros nem tanto, alguns de sucesso, outros não.

"Finalmente", pensou Andy, "estamos chegando a algum lugar."

— Eram aqueles como eu, que foram enviados para ajudar o início da vida.

Andy assentiu e Joshua continuou.

— Então, quando a humanidade estava pronta, existiram os confortadores que plantavam as sementes do pensamento e da razão. Aristóteles, Sócrates e Sófocles foram alguns desses espíritos iluminados que, por causa da afinidade que tinham um pelo outro, encarnaram em um lugar e tempo específico. Eles foram enviados para expandir as mentes.

Andy sorriu. Ele sempre teve a idéia de que fora assim durante os muitos estágios do desenvolvimento na Terra, que havia muitos espíritos que chegavam em missões especiais.

Como se lesse a mente de Andrew, Joshua deu uma lista de

mais alguns que nasceram na esfera terrestre para, como Joshua colocou, "dar aos homens um suave pontapé no traseiro".

— Da Vinci, Michelangelo e Dante foram enviados para abrir as almas para a beleza e a inspiração — revelou Joshua. — Abraham Lincoln, Albert Einstein e Martin Luther King foram personalidades assumidas por espíritos evoluídos. Cada um contribuiu, à sua maneira, para a evolução do homem.

Josh disse que poderia recitar nomes durante todo o dia, mas ao invés disso deixaria Andy com o seguinte pensamento:

— Desde a sua criação, a Terra tem sido visitada por espíritos de luz. É parte da lei divina: só pode haver progresso verdadeiro quando todos progridem.

— Pode sentir a ligação? — interrompeu o Mestre. — Sente o laço entre você e todos os espíritos que habitam os incontáveis mundos e vibrações? O destino de um ou o destino de muitos tocam sua alma?

Antes que Andrew respondesse, o velho calmamente ergueu a mão.

— Não precisa responder. Eu sei que sim. É por isso que está aqui. O que eu quero saber é se você poderá ajudar outros a sentirem essa ligação também.

Andy levou alguns momentos para responder e quando ele o fez foi com um simples "Não sei".

Run-Chi fechou os olhos em meditação.

— Os espíritos da Terra aprendem que as emoções são erradas, que elas são para os fracos e inseguros. Se eles pudessem pelo menos entender que sentir uma ligação com todos da criação de Deus é a mais forte e poderosa emoção que existe... Andrew — o velho agora abria seus olhos —, como você se sente a respeito de suas emoções?

Andy tinha certeza de que o Mestre sabia a resposta antes de fazer a pergunta, então respondeu honesta e diretamente:

— Agora, muito melhor — admitiu. — Depois da experiência de hoje, acho que posso usá-las e não deixar que elas me usem.

Pela primeira vez, Andy percebeu quanto seria exigido dele. Mas ele permaneceu intrépido, mesmo sabendo que eles ainda mantinham, como disse Run-Chi, "as letrinhas miúdas do contrato" consigo mesmos.

Joshua havia ouvido toda a conversa. Ele sabia o que estava por vir e queria dar a Andy uma antecipação.

— Você receberá um grande presente. Você verá como tudo é um tijolo para ser usado no que está por vir — começou Joshua. — A você será dado também um grande desafio. A Terra está evoluindo e ela pode evoluir em paz e harmonia ou em dor e medo. Ou, como eles dizem na Terra: "pode ser do jeito fácil ou do difícil". Você e outros confortadores estarão lá para dar as escolhas a eles. — Joshua disse a Andrew que a Terra também tinha uma vida. — Lembre-se disso — aconselhou.

Run-Chi lançou-lhe um olhar de advertência e Joshua imediatamente soube que já havia falado demais. Andy ainda não estava pronto. Havia muita preparação pela frente antes que ele pudesse ser capaz de entender.

Joshua resmungou uma desculpa ao Mestre, mas, antes de partir, deixou a Andrew mais estas palavras:

— Ajude-os a se prepararem para a mudança. Logo você verá a Terra como ela foi criada e entenderá... — finalizou com uma olhadela para Run-Chi — ...o que agora você não pode entender.

Não havia tempo para Andy pensar no que Joshua dissera. Run-Chi não iria permitir. Agora não era a hora.

— Nós temos muito a fazer — disse o Mestre. — E, antes que comecemos, você vai ter de se separar.

Andy ergueu uma sobrancelha e perguntou com cautela:

— Separar-me de quê?

— De você mesmo — veio a resposta curta e grossa.

11

Uma curta explicação sobre emoções

No capítulo anterior, Andy estava sendo testado pelo Mestre para ver se poderia controlar suas emoções.

Quantos de nós, em determinados momentos de nossas vidas, fizemos alguma coisa por raiva, revolta ou ciúme e viemos a nos arrepender mais tarde? Aposto que a maioria.

Mas esta é apenas a metade da história sobre emoções.

A maioria de nós já ouviu dizer que as emoções são erradas, ruins e simplesmente não têm lugar no mundo moderno.

Homem não chora. Homens não devem ter emoções. Os que têm são fracos ou efeminados.

As meninas devem ser dóceis e passivas. Mulheres precisam ser frias e insensíveis para alcançar o sucesso.

Por que então vamos nós reclamar de viver em um mundo frio e insensível? Afinal de contas, nós fomos ensinados e ensinamos nossos filhos a serem assim.

Nós ainda dividimos nossas emoções em "boas" ou "más".

Mas a Nova Era está chegando e temos algo a entender: não existe isso de emoções "boas" ou "más". Uma explicação bem clara sobre o assunto está em O LIVRO DOS ESPÍRITOS, de Allan Kardec:

"...apenas o seu excesso é pernicioso, pois o excesso implica a perversão da vontade. Mas o princípio de todas as paixões é dado ao homem pelo seu bem, e elas podem incentivá-lo à realização de grandes coisas..."

Vamos dar uma olhada nas chamadas emoções "boas" ou "más". Se estiver pronto, pense nas suas.

AMOR É UMA EMOÇÃO "BOA". Mas o amor em excesso leva à obsessão. Um amor cuidadoso, instrutivo e que apóia pode ajudar uma pessoa a evoluir, mas um amor possessivo e pegajoso impede essa evolução. Você sempre ouve falar de mães que são tão dominadoras que seus filhos crescem emocionalmente aleijados. Ou sobre pais que, em nome do amor, dão tudo para os filhos e acabam descobrindo que só criaram pirralhos mimados, superficiais e sem conteúdo.

ÓDIO É UMA EMOÇÃO "MÁ". Ela destrói, e odiar alguém ou alguma coisa cegamente não é apenas ruim, mas provoca terríveis conseqüências. Mas o ódio pode levar ao progresso e ao desenvolvimento: odiar o preconceito, a intolerância e a injustiça pode, se corretamente canalizado, levar à evolução de toda a humanidade.

COMPAIXÃO É UMA EMOÇÃO "BOA". Compaixão pelos pobres, doentes e vítimas de injustiça e preconceito é essencial para construir um mundo melhor e mais compreensivo. Mas muita compaixão cria um ambiente de imoralidade e irresponsabilidade.

A REVOLTA É MÁ. A revolta amparada pela violência só serve para gerar mais violência. Mas a revolta contra a opressão e intolerância tem, ao longo da história da Terra, aberto caminho para a liberdade e para o crescimento. O grande pacifista Gandhi foi um revoltado com a discriminação e o preconceito e ele usou sua revolta para pacificamente derrubar barreiras.

A INVEJA É MÁ porque ela transforma os humanos em ratos competitivos, cada um tentando pisar no outro em um jogo triste e sórdido de quem ganha o quê. Mas, canalizada, a inveja pode levar ao progresso. Ao invés de ter ciúmes da vida de alguém, tente melhorar a sua. Vá à escola, trace um caminho, talvez até procure por um emprego que melhor aproveite seus talentos.

A expectativa é a de que você já tenha visto que as emoções não são tão preto e branco, como costumamos pensar.

Agora, relaxe. Deixe-se tocar por suas emoções. Elas, como tudo o mais, existem por uma razão.

Pense sobre as palavras abaixo. Diga-as. Repita-as. Viva-as. Prepare a si mesmo para a Nova Era.

EU TENHO REVOLTA MAS NÃO SOU REVOLTADO.
EU TENHO AMOR MAS NÃO SOU OBCECADO.
EU TENHO INVEJA MAS NÃO SOU INVEJOSO.
EU TENHO ÓDIO MAS NÃO ODEIO.
EU TENHO COMPAIXÃO MAS NÃO SOU CEGO.
EU SOU TUDO ISSO MAS SOU MAIS.
EU SOU UM ESPÍRITO. EU SOU ETERNO.
EU SOU PARTE DE UM TODO.
NÓS TODOS SOMOS UM SÓ.

12
A separação

Andy sabia que aquilo não era um *flashback* de uma encarnação anterior. Ele realmente estava no plano terrestre, em um lugar que tanto ele quanto Run-Chi conheciam e amavam. Eles estavam no coração de um grande templo budista, rodeados por monges em vestes alaranjadas e carmesins entoando cânticos enquanto estudantes faziam sua prece matutina.

Do lado de fora ainda estava escuro nas primeiras horas do alto Himalaia, mas o grande hall do templo estava iluminado, como sempre esteve por milhares de anos, por velas tremeluzentes e lanternas perfumadas e fumegantes. Andy se sentia em casa entre os jovens monges de cabeças raspadas. Ele os observava curvados e cantando, seguindo seu professor que estava sentado sobre uma plataforma na frente do grande salão.

Run-Chi havia levado Andrew ali por uma razão.

O Mestre sabia que Andrew estava nervoso, nas palavras do próprio Andy, "com essa conversa de separação". Ele apostava que as vibrações familiares e cheias de paz do templo colocariam Andy em tranqüilidade. Com o cantar contínuo dos monges e estudantes ressonando ao fundo, Run-Chi provocou:

— Não deixe esse negócio de separação incomodar você. Não é como uma visita ao dentista.

O rosto do velho se moldou em uma risada.

— Fácil para o senhor dizer — brincou Andy nervosamente. — Não é quem está para ser separado.

Velas e lanternas piscavam e tremulavam por todo o velho e mofado salão do templo, enquanto os monges e seus alunos, a maioria sem notar os dois espíritos, preparavam uma meditação silenciosa. Aqueles que eram sensíveis à presença dos dois espíritos não se deixavam alarmar. Muitos espíritos visitavam o lugar de tempos em tempos, extraindo energia e paz de suas vibrações positivas.

Run-Chi e Andy não eram exceções. O Mestre esperava que Andy entrasse em contato com a calma vibrante que irradiava do santuário enquanto ele faria o melhor possível para aliviar os medos do pupilo.

O velho monge candidamente admitiu que "separação" talvez não tenha sido uma palavra bem escolhida:

— Quando acabarmos, você sentirá uma nova unidade e serenidade. Você será você.

Apesar de tudo, Andrew não conseguia superar a sensação de que estava sentado em uma cadeira de dentista com um nebuloso Run-Chi pedindo-lhe para abrir bem a boca. A única coisa que faltava, ele pensou, era uma orquestra de cordas tocando "Feelings" por alguma dessas caixas acústicas de parede.

Mas ele não estava num consultório dentário. Ele estava em um antigo templo budista no Tibete.

Nenhuma balada açucarada ecoava de caixas de som camufladas. O que se ouvia era o som tranqüilo e contínuo de mais de trezentos budistas respirando.

Na frente dele não havia nenhum dentista de mau humor pedindo que abrisse bem a boca, mas sim o rosto calmo, sorridente e confortante de Run-Chi.

Andy se divertiu ao pensar se não havia algum anestésico por perto. Mas ele sabia que era o que estava à sua volta que o anestesiava.

Primeiro, lá estava Run-Chi.

Andrew estava consciente de que o espírito tinha deliberadamente tomado a forma de seu velho professor. O Mestre, ele sabia, viveu muitas vidas desde a encarnação em que foram professor e aluno, mas ele usava a imagem de Run-Chi para deixar Andrew mais confortável.

E então havia o templo. O Mestre agiu com sabedoria ao levá-lo até ali. Andrew lembrava-se de que a separação e o desapego à personalidade terrestre eram a pedra fundamental da filosofia budista.

"O Mestre está fazendo o que pode para me deixar relaxado", pensou Andrew. "Então, acho que só me resta 'abrir bem a boca'."

Se Andy estivesse encarnado em um corpo físico e estivesse mesmo sentado em uma cadeira de dentista, agora seria a hora em que ele fecharia os olhos, respiraria fundo e diria: "Vamos lá".

Mas tudo que ele fez foi acenar positivamente. Ele estava pronto.

Run-Chi também estava e, para alívio de Andy, o Mestre não tinha nenhum motorzinho nas mãos. Ele disse, no entanto, que explicaria aquele negócio de separação de um modo que Andy, um legítimo espírito terrestre, conseguiria entender.

— Na Terra existe uma grande ansiedade em relação à separação do corpo e do espírito, a chamada morte.

Imediatamente Andy se adiantou em defesa das almas terrestres:

— Na Terra ninguém sabe realmente o que acontece depois da morte. A maioria das crenças prega que há uma vida. Mas quase todos nós, bem lá no fundo, nos assustamos quando nosso número é chamado. Ninguém tem certeza do que vai acontecer.

O guia calmamente ergueu sua mão, dizendo que ele não estava fazendo nenhuma crítica. Ele pediu uma chance de explicar, e Andy novamente viu que sua impaciência estava no caminho. Ele decidiu se calar e deixar o Mestre continuar.

— Você está certo — concordou o Mestre. — O medo da morte é o medo do desconhecido. Uma vez que aprendemos que a morte é tão natural quanto o nascimento, o medo desaparece. A separação pela qual você vai passar é como morrer. Já que você sabe o que é morrer, você não tem nada a temer — concluiu Run-Chi, lógica e entusiasmadamente.

Andrew fez o melhor possível para lhe devolver algum entusiasmo, mas tudo que conseguiu foi um sorriso tímido.

Sem se deter, o velho monge começou. Ele juntou as palmas das mãos formando uma cuia fechada e as segurou assim, encaixadas, bem em frente a Andy.

— O espiritual e o físico são um — demonstrou Run-Chi, usando as mãos coesas para ilustrar a união do corpo material e o espírito. — Esta é a vida encarnada — sentenciou, agitando levemente as palmas juntas. — Esta é a vida sobre a esfera terrestre.

Andy assentiu. Até ali, tudo bem, ele pensou.

O monge abrupta e rapidamente separou suas mãos. Como um mágico que tira seu coelho da cartola, Run-Chi anunciou triunfalmente:

— O espiritual e o físico se separam.

Vagarosa e dramaticamente ele deixou o braço esquerdo cair.

— O corpo físico morre — disse o velho, enquanto o braço descia junto ao seu corpo.

A mão direita, agora com a palma esticada, continuava erguida. O Mestre mexeu seus dedos.

— O espírito, sem o corpo, vive. O que você está para fazer é quase tão natural quanto o nascimento e a morte. É apenas mais um passo na sua jornada espiritual.

Ainda movendo os dedos da mão direita, Run-Chi explicou:

— Você terá um tipo diferente de separação, porque você não tem um corpo físico... — o monge sacudiu o braço esquerdo, ainda pendurado junto ao corpo — ...para abandonar. Esta será uma morte espiritual. E morte nada mais é do que uma mudança.

Andy olhou para a palma direita do monge. Seus dedos dançavam em frente a ele. Run-Chi justificou por que a morte espiritual era necessária e explicou como ela estava ligada à sua "missão de confortador".

— Você precisa sentir, meu amigo, não entender. Você não precisa saber de nada intelectualmente, mas sim em espírito, sobre a solidariedade universal. Para isso, você tem de se desligar de seu ego e seus preconceitos.

O Mestre fez uma pausa e disse que havia outra razão, igualmente crucial e importante, para a missão que estava por vir.

— Mas esta só poderá lhe ser revelada...

Andy se adiantou e completou o que pensou que seriam as próximas palavras do Mestre:

— ...quando eu estiver pronto — brincou.

O velho monge sacudiu a cabeça.

— Não, Son-Li. Só poderá ser revelada a você quando *eu* estiver pronto.

O gongo do templo soou ao fundo, o tom se refletindo por todas as paredes do templo, sinalizando o início da meditação silenciosa.

No âmbito terrestre, monges e estudantes relaxados e acomodados, cada qual pronto para começar uma jornada singular e individual dentro de si mesmos.

No âmbito espiritual, Andrew também estava pronto para iniciar uma jornada singular até seu interior, mas para ele seria um outro passo em sua jornada para se tornar um confortador.

Run-Chi agora fazia seu aluno ir devagar pela estrada, juntando as mãos como fizera antes.

— Prepare-se para nascer.

Ele esperou um momento até que Andy se concentrasse em suas mãos.

— Prepare-se para morrer. Esteja pronto para separar você de você mesmo — disse, enquanto, de novo, separava suas mãos rapidamente.

Como antes, o braço esquerdo caiu sem movimentos para o lado. Andrew seguiu o braço direito, o braço que Run-Chi chamara de espírito. O Mestre ergueu-o acima da cabeça e vagarosamente fechou os dedos, formando um punho.

— E, quando tudo estiver morto e vazio, prepare-se para ser um com o todo.

O punho fechado pousou no peito de Run-Chi.

— Podemos começar, Son-Li? Eu não posso fazer nada contra sua vontade.

O estudante estava confiante de que nada lhe faria mal. Ele sabia que aquele guia e Mestre era do lugar especial, o que cuidava da Terra, o mesmo lugar especial que o havia escolhido para a missão. Andy se entregou a Run-Chi.

No âmbito terrestre, os monges e estudantes tranqüilamente limparam suas mentes do ego, ambição e mesquinhez. Eles seguiam um ritual místico e ancestral, separando a si mesmos das fantasias e ilusões da mente física e libertando o ser eterno que vive dentro de cada um de nós.

No âmbito espiritual, o velho monge enigmaticamente afirmava:

— Três círculos, mas há apenas dois.

Andy, que odiava charadas, controlou-se. Ele sabia que Run-Chi iria acabar explicando.

— Imagine três círculos, um dentro do outro — instruiu a voz do Mestre. — Você está agora no meio do primeiro, o menor. — Fez uma pausa e suavemente sentenciou: — É hora de nascer.

O aprendiz imaginou a si mesmo no meio de um pequeno círculo e viu além de seus limites o segundo, que estava dentro de um terceiro.

A voz profunda e firme de Run-Chi direcionava a consciência de Andrew.

— Preencha o pequeno círculo com você. Encha-o com seus medos. Empurre para dentro dele todos os seus ódios e invejas. Lote este círculo com tudo que você odeia em si mesmo: egoísmo, ambição, cobiça, preconceito e orgulho. Seja honesto. Não segure nada. Preencha o círculo com sua mesquinhez, vaidade, conceitos, arrogância e convencimento.

Andrew seguiu as instruções do monge e seu pequeno círculo particular se emporcalhou com tudo que ele sabia que era feio a seu respeito. Ele começou a se sentir quente, ruborizado e sobrecarregado.

No âmbito terrestre, os monges e estudantes tentavam ver além de seus vícios, medos, ódios e invejas. Eles lutavam para ver além de si mesmos para se unir aos espíritos eternos que realmente eram.

No âmbito espiritual, Andy era um espírito e Run-Chi queria confrontá-lo com as emoções que ele arrastava de suas muitas encarnações na Terra.

Andy, no primeiro círculo, sentia na nuca o hálito quente de suas emoções. Ele fervia em conceitos, borbulhava em raiva e torrava em mesquinhez.

Como uma faca, a voz de seu guia penetrou as paixões quentes e viscosas que o rodeavam.

— Lambuze-se com seu ciúme. Sinta a inveja consumir todo o seu ser — encorajou a voz sem emoção do Mestre.

Andy sufocava, sentindo o fedor acre e amargo do pior de si mesmo.

— Aperte o círculo, traga-o para dentro de você. Faça-o ficar menor. Agarre seu orgulho e arrogância. Sinta-os rodeando você enquanto se atropelam para entrar em você.

Andy se sentia humilhado e envergonhado, mas persistia em obedecer aos comandos de Run-Chi.

— Aperte o círculo ainda mais. Deixe sua mesquinhez, ódios e preconceitos subjugarem você.

O espírito de Andy revivia todas as injustiças, erros e traições que já havia cometido. Ele queria gritar em agonia.

— Aperte o círculo com mais força. Contorne a si mesmo com ele. Contorne a si mesmo com toda a sua estupidez, ambição e cobiça. Esmague-se com você mesmo.

O círculo se apertou. Era como uma jibóia se enrolando na alma de Andy.

— Feche o círculo. Aperte-o e comprima a si mesmo na mesquinhez, cobiça, ódio, revolta, inveja e ambição.

O círculo se transformou em uma espécie de arame, que parecia cortá-lo com a cobiça e triturá-lo com a vergonha. Andy não conseguia respirar o ar pútrido. Ele não conseguia ver através da imensa sujeira e não conseguia agüentar o contato quente, pegajoso e áspero com aquilo tudo. O círculo sugava todo o seu ser.

Firme e confiantemente, o Mestre falava, suas palavras penetrando o arame venenoso ao redor de Andy. Triunfalmente, ele declarou:

— Você não vai se partir. Você é um espírito. Você é eterno. Você é imortal. Isso não pode esmagá-lo, isso vai quebrar. Você é mais forte do que este círculo porque você é mais forte do que a si mesmo. Deixe que se enrole, deixe que se aperte, deixe que estrangule. Ele não vai vencer. Vai se arrebentar.

Os arames cruelmente se fechavam, tentando fortalecer seus laços. Cada vez mais apertado, o círculo continuava se enrolando. Finalmente, foi ficando sem espaço e passou a lutar consigo mesmo, contornando e enrolando mais voltas ao redor de Andy até que não podia mais se mover.

E se arrebentou. O círculo se partiu em centenas de milhares de pedaços e sumiu.

Andy estava inteiro. Ele estava livre. Ele havia nascido no círculo e agora já não era mais parte dele. O círculo estava morto; Andy estava vivo.

Ele estava exausto e deixou escapar um suspiro de alívio.

No plano terrestre, alguns dos estudantes eram capazes de esvaziar a si mesmos do orgulho, ego e apego. Alguns, mas não todos, entendiam que eles eram mais do que seus minúsculos desejos. Alguns, mas não todos, descobriam o espírito dentro deles.

No âmbito espiritual, Run-Chi permitiu a Andy apenas um momento de descanso enquanto ele levava o aprendiz para um outro nível de separação.

— Você está no segundo círculo agora. Este é maior. O primeiro círculo era você; este é a Terra. Imagine todas as suas tentações, ilusões, vícios, seduções. Preencha este círculo com elas.

Após pequena pausa, continuou:

— O primeiro círculo era você e o que você queria para si mesmo. Este segundo é o que a Terra quer de você. Aqui está cada espírito terrestre que você já conheceu: todas as suas esposas, maridos, crianças, amigos e inimigos. Ele está vivo com esposas que já foram filhos, filhos que já foram pais, amigos que já foram irmãos, irmãos que já foram inimigos. Eles estão todos ali.

No meio do segundo círculo, Andrew sentiu os laços que o ligavam a incontáveis gerações e encarnações e, enquanto aqueles laços lenta e firmemente o apertavam, ele ouvia suas vozes:

— Faça isso. Faça aquilo. Você pode fazer melhor que isso. Você deve isso a mim. Eu amo você. Eu odeio você. Você é um preguiçoso. Você é mau. Você é bom. Você é ruim. Eu preciso de você. Eu quero você. Você me ferrou. Você não vale nada.

Algumas gritavam, outras falavam mansamente, mas a voz do Mestre era mais alta e clara do que todas:

— Comece apertando o círculo. Traga-o para dentro de você.

Andy fez como ordenado. Era mais fácil agora. O círculo corria para ele pela frente, pelos lados e por trás. Ele ouvia o turbilhão de vozes e via o calidoscópio de imagens de rostos e lugares já esquecidos.

— Você devia ter feito isso — alguns gritavam.

— Você fracassou — ecoavam outros.

— Você nunca foi bom — reclamavam alguns.

E, enquanto o coro uivava, desfilava diante dele um panorama com milhares e milhares de tentações que cruzaram seu caminho durante as muitas viagens feitas à esfera terrestre.

Imagens de fama, posição social, glamour, poder surgiam em volta dele como cavalinhos num carrossel. O mundo e suas ilusões giravam por todos os lados enquanto ele olhava do meio da roda que se fechava.

— Puxe o círculo para dentro. Traga-o mais perto, assim poderá ouvir e ver tudo ao seu redor.

Novamente as visões e sons das bordas do círculo começaram a sufocá-lo.

Mas a voz do Mestre o manteve na direção certa, sem deixá-lo esquecer quem realmente era.

— Você é espírito, você é eterno. O mundo é temporário, sua realidade é uma ilusão; suas vozes, nada mais que ecos passageiros. Desafie este círculo a laçar você, deixe que aperte e o sufoque. Ele vai esticar e quebrar, como ocorreu com o primeiro.

Andy provocou o círculo, desafiando-o a derrotá-lo.

Ele apertou. Ele agarrou. Ele se impôs sobre Andy.

E, como o primeiro, ele se esmigalhou.

E mais uma vez Andy estava livre.

— Você nasceu no primeiro círculo do pior de você. Ele morreu quando você nasceu no segundo círculo, das ilusões da Terra. Este também se foi e agora você vai nascer no terceiro e último círculo.

No plano terrestre, o grande salão do mosteiro se esvaziou. O gongo soou e monges e estudantes saíram para sua rotina diária.

E, no plano espiritual, Andy estava sozinho. Run-Chi já não estava ao seu lado.

Mas, como o gongo do templo ecoando à distância, ele ouvia a voz do Mestre.

— Você está comigo no círculo final. Você está conectado à paz e harmonia do Universo. Você partiu os laços com o ego e quebrou as correntes do desejo. Você está no centro do último círculo e está unido com o todo.

Andy não sabia dizer de onde vinha a voz do velho monge. Ela chegava de todas as direções. Mas ele estava certo de que, mesmo que não pudesse ver Run-Chi, o Mestre podia vê-lo e ouvi-lo.

— O que eu faço agora? Trago este círculo vazio para dentro de mim, como fiz com os outros dois?

A resposta veio firme. Veio depressa. A resposta era NÃO.

— Este círculo é maior que você. Ele é o eterno, é o infinito. É impossível trazê-lo para dentro. Olhe em volta, meu amigo. Você verá que não há círculo.

Andrew sorriu. O Mestre estava certo e agora ele entendia.

Os outros dois círculos tinham limites; ele os via e os sentia. Este círculo, porém, não tinha fronteiras e Andrew estava sem limites, também.

— Lembre-se: eu disse que havia três círculos, mas na verdade só havia dois. Você entende a charada agora? — perguntou calmamente o guia invisível.

Andy sorriu e respondeu com firmeza à pergunta do Mestre:

— Os círculos um e dois eram limitados por quem nós somos e pelo que nós ou os outros querem de nós. Este aqui não tem fronteiras. Não há círculo, só há o infinito. Este é a unidade.

Quase tão logo as palavras se perderam no vazio, Run-Chi apareceu, mas não como o velho monge que Andrew conheceu na encarnação de muito tempo atrás. Andy agora o via como a energia vital pura e cristalina que ele realmente era, que todos nós realmente somos.

— Son-Li, você, eu e todos os espíritos fomos criados simples e ignorantes. Agora você não é mais ignorante, mas você é simples novamente. Você entende?

O suave e constante sussurro do Universo era o único som que se ouvia quando Andrew fechou os olhos.

— Eu não sou ignorante porque vivi e aprendi. Eu não ignoro a dor e a alegria porque já ri e chorei. Eu não ignoro mais o amor porque eu amei e fui amado. Eu não ignoro o ódio porque odiei e fui odiado. Mas eu sou simples porque já não tenho mais que escolher; eu sei. Eu sou simples porque não tenho mais que amar; eu sou. Eu sou simples porque eu sou um.

— Nós todos vamos longe para ser simples, mas não para ser ignorantes — disse Run-Chi. — E agora você está pronto para ir além.

Run-Chi sabia, mas não disse a Andrew, que o espírito ainda estava cheio das dúvidas plantadas pelo outro lugar. Andrew teria de lidar com aquelas dúvidas porque aquele era o caminho do Universo: escolha, escolha e escolha.

— Primeiro, você vai aprender, então escolher, depois confortar. O caminho é claro. É estreito — alertou o Mestre antes de partir.

O gongo do templo soou de novo, chamando os monges e estudantes para a prece da noite. A manhã havia se tornado noite na Terra. Horas se passaram desde que ele e Run-Chi chegaram ao templo.

Mas, em espírito, aquelas horas eram meros momentos.

Andy sabia que era hora de partir.

Era hora de descobrir a Nova Era. Mas primeiro ele teria de revisitar a antiga era e, como disse o Mestre momentos antes, ele teria de "aprender e escolher".

13
Pensamentos positivos para o mundo

Não é necessário um exercício baseado no capítulo anterior. Basta simplesmente reler o capítulo como se você fosse Andy seguindo as instruções de Run-Chi.

Imagine o primeiro círculo. Faça o que Andy fez.

Imagine o segundo e siga o guia Run-Chi.

No entanto, no capítulo anterior eles visitaram um templo budista, então acho apropriado incluir uma curta e simples meditação, adaptada de uma budista tradicional.

Ela é projetada para elevar não apenas nossas vibrações pessoais, mas também as de todo o planeta. É importante praticá-la porque, como você logo vai descobrir, a Nova Era significa uma vibração mais leve e menos densa.

Novamente, relaxe, leia as palavras e tente memorizá-las a seu próprio modo. As palavras exatas não são importantes; a intenção por trás delas é que é.

QUE TODOS OS SERES VIVOS
POSSAM SER LIVRES DA REVOLTA.

QUE TODOS OS SERES VIVOS
POSSAM SER LIVRES DO ÓDIO.

QUE TODOS OS SERES VIVOS
POSSAM ENTENDER QUE SOMOS LIGADOS
UNS AOS OUTROS.

QUE TODOS NÓS POSSAMOS
VIVER JUNTOS EM PAZ E HARMONIA.

QUE TODOS NÓS POSSAMOS
VIVER EM PAZ E HARMONIA COM NÓS MESMOS.

QUE TODOS
(pense em seus amados, pense em seus inimigos)
POSSAM SER LIVRES DO MEDO.

QUE TODOS
(pense em seus amados, pense em seus inimigos)
POSSAM SER LIVRES DA NECESSIDADE.

QUE TODOS
(pense em seus amados, pense em seus inimigos)
POSSAM SER ILUMINADOS E LIVRES.

E QUE TUDO AQUILO QUE EU DESEJEI AOS OUTROS
POSSA VOLTAR PARA MIM.

14

Início das aulas

Run-Chi se fora. A separação estava completa.

Era hora de reflexão e pensamento.

Era hora de meditação.

Era hora de ficar sozinho sem ficar solitário.

Era hora de se esvaziar sem ficar vazio.

Andy se recolheu à sua pequena cabana branca no final do caminho de chão batido, voltando à vibração que ele chamava de lar. Era como devia ser: o espírito havia passado por uma transformação dramática. Como Run-Chi explicou: "Você nasceu e renasceu muitas vezes. Acostume-se com seu novo ser antes de continuar sua jornada".

Em seu "quarto", Andrew analisava minuciosamente as imagens e sons que o levaram a ser quem era hoje: um simples espírito.

Sem nenhuma ordem em particular, imagens e percepções apareciam e desapareciam à sua frente.

O dia de outono na grande cidade com Phil. Ele havia lhe dado uma amostra do não muito distante futuro. Novamente, ele viu o inferno.

Ele viu o fazendeiro na América do Sul e agradeceu ao Criador que ele fosse capaz de ver a beleza da encarnação. Mas agora ele percebia uma beleza ainda mais profunda do que aquela. Ele via a unidade do todo.

Andrew reviveu o primeiro círculo.

Ele entendeu por que estava ali. Se ele seria um confortador, tinha de se libertar do pior de si mesmo.

No círculo, ele se lembrou dos dois lugares.

Ele sabia que um espalhava a esperança, enquanto o outro semeava a dúvida. O espírito sabia que a batalha entre aqueles lugares logo o absorveria.

A Terra apareceu no círculo.

Era a imagem que ele tinha visto no lugar especial. Andy observou suas vibrações. Onde havia amor, ali existia o ódio; onde havia esperança, ali havia medo; onde havia harmonia, a revolta pulsava. Ele ouviu as vozes obscuras e profundas do desespero.

Andy sabia que fora inspirado pelos dois lugares e entendia por quê.

"Se serei um confortador, tenho de ouvir os dois lados. Se devo ensinar, tenho de aprender de ambos. Se vou preparar outros para as mudanças que virão, preciso antes dirimir minhas próprias dúvidas."

Andy entendeu e fechou o primeiro círculo e abriu o segundo.

Ele entendeu que não seria levado pelas tentações e ilusões da Terra. Ele era simples, mas não ignorante.

Seu espírito era simples, livre de seu próprio orgulho, revolta, inveja e ódio. O espírito não era ignorante, ele levava consigo o conhecimento e sabedoria de sua evolução.

O segundo círculo foi fechado e, depois de semanas de reflexão calma e solitária, Andy sabia que era hora de continuar sua jornada.

Ele estava preparado: ele sentia a unidade com o todo. Ele abriu o terceiro círculo e este não seria fechado.

Andy sentiu que ainda havia muito para aprender antes de confortar. Relaxado e confiante, ele meditou, abrindo a si mesmo para o Universo. Ele imaginou que era uma jangada, flutuando sem rumo em um mar calmo e aberto.

Momentos se passaram. Minutos se passaram. Horas se passaram.

A consciência de Andy flutuava sem rumo pelo Universo.

Momentos se passaram. Minutos se passaram. Horas se passaram.

A consciência de Andy vagava sem esforço e sem direção.

Momentos se passaram. Minutos se passaram. Horas se passaram.

Linhas vermelhas e finas apareceram. Não muitas no começo, formando vagarosamente barras retas e horizontais em frente a ele.

Mais linhas vermelhas. Elas se multiplicavam rapidamente, cruzando-se diagonal, vertical e horizontalmente, lançando-se de todos os lados, surgindo de trás, caindo do alto, subindo de baixo. Antes que ele notasse, estava no meio de uma gaiola enredada criada pelas linhas vermelhas sólidas e cintilantes.

O espírito sorriu.

Ele estava calmo.

Andy sabia que aquilo era um sinal. Alguma coisa estava para acontecer. Tudo que ele tinha de fazer era ser a jangada, deixando que o mar do Universo o levasse.

A espera não foi longa. Ele se maravilhou quando números flutuaram para dentro da gaiola: 6.000 a.C., 1939, 400 a.C., 1.300 a.C., 1858, 1949... de forma aleatória, os anos vagavam ao seu redor.

Uma voz feminina o chamou:

— Vamos, é hora de se aprontar.

Ele riu alto. A voz era de uma de suas esposas de uma encarnação na Terra. Ela o sacudiu, como fazia na Terra, para que acordasse e se aprontasse para trabalhar.

A gaiola se abriu e suas linhas formaram um caminho infinito e vermelho, convidando-o a ir por ele.

A excitação tomou conta de seu espírito. Ele sabia aonde estava indo. Ele estava andando pela história. As aulas iam começar e mais um passo em sua jornada estava para ser dado.

15

Exercício do "Eu sou um"

Hora de relaxar novamente!

Deixe suas preocupações, problemas e pensamentos flutuarem para longe.

Faça como Andy fez: torne-se uma jangada no meio de um mar azul e tranqüilo. Suavemente deixe a si mesmo flutuar nas ondas lentas que se levantam. Não lute com elas, junte-se a elas.

Pense no significado das palavras a seguir:

EU SOU TUDO QUE JÁ FUI ANTES.
EU SOU A PROMESSA DO QUE POSSO SER.

DEUS ME CRIOU; SEU FÔLEGO VIVE DENTRO DE MIM,-
O MESMO FÔLEGO QUE VIVE EM TODO SER NESTE PLANETA.

NÓS SOMOS UNIDOS A ELE.
NÓS SOMOS UM COM SUA CRIAÇÃO.
NÓS SOMOS UNIDOS UNS AOS OUTROS.

EU ESTOU PRONTO PARA MUDAR.
EU NÃO TENHO MEDO, PORQUE NÓS SOMOS UM.
EU SOU UM.

ESTOU ABERTO A MUDANÇAS.
ELAS FORAM PLANEJADAS.
ELAS SERÃO ASSIM COMO EU SEREI, PARA TODO O SEMPRE.

16

O ciclo da vida começa

Andrew seguiu o caminho que rapidamente se desdobrou em frente a ele. Em contraste com a escuridão do espaço, as linhas vermelhas reluzentes formavam uma via pela qual Andrew seguia cega e confiantemente. O Universo apontava o caminho e a trilha feita pela rede em vermelho o levaria para onde deveria estar.

"Sou uma jangada navegando no oceano. Irei aonde quer que ele me leve", assegurava Andrew a si mesmo, repetidamente.

Do escuro vazio que o rodeava, ele ouviu um pensamento. Era Joshua.

— Siga o caminho — confirmou o guia invisível. — Preste atenção em tudo que vir e ouvir durante a viagem. Você sabe que tudo faz sentido em um determinado momento. E não se esqueça: nós todos estamos a seu lado.

Andrew sabia que "nós" eram os espíritos do lugar especial.

— Ouça e terá a explicação — sussurrou uma nova e desconhecida voz feminina. — Esteja aberto aos nossos pensamentos.

Andrew respirou fundo. Ele estava pronto.

Palavras se formaram na escuridão do espaço ao seu redor. As palavras se tornaram sentenças e as sentenças eram uma passagem da Bíblia. Andrew reconheceu o texto. Era do Gênese.

No dia em que o Senhor Deus fez a terra e os céus não havia ainda nenhuma planta do campo na terra, pois nenhuma erva do campo tinha ainda brotado; porque o Senhor Deus não tinha feito chover sobre a terra, nem havia homem para lavrar a terra.

Um vapor, porém, subia da terra, e regava toda a face da terra.

E formou o Senhor Deus o homem do pó da terra, e soprou-lhe nas narinas o fôlego da vida; e o homem tornou-se alma vivente.

Então plantou o Senhor Deus um jardim, da banda do oriente, no Éden; e pôs ali o homem que tinha formado.

E o Senhor Deus fez brotar da terra toda qualidade de árvores agradáveis à vista e boas para comida, bem como a árvore da vida no meio do jardim, e a árvore do conhecimento do bem e do mal.

Tomou, pois, o Senhor Deus o homem, e o pôs no jardim do Éden para o lavrar e guardar.

Ordenou o Senhor Deus ao homem, dizendo: de toda árvore do jardim podes comer livremente; mas da árvore do conhecimento do bem e do mal, dessa não comerás; porque no dia em que dela comeres, certamente morrerás.

Andrew imaginou o porquê de justamente esse trecho do Gênese estar diante dele, mas estava certo de que a razão logo se revelaria.

A voz feminina suave do espírito ainda invisível e desconhecido invadiu seus pensamentos.

— Andy, há muita verdade na Bíblia, mas você tem de procurar além da história para achá-la. Vamos começar com uma pergunta. Onde era o Éden? Onde era o lugar perfeito, o jardim tranqüilo? Onde era o paraíso?

Até aquele momento, Andrew não parara de se mover pelo caminho iluminado pela grade vermelha. Mesmo enquanto as palavras se materializavam diante dele, ele continuava se movendo adiante sem pausa ou hesitação.

As perguntas da guia, no entanto, detiveram-no. O caminho vermelho ainda brilhava, mas Andy fez uma pausa para ponderar sobre o que estava acontecendo.

"Onde era o Éden e por que é tão importante saber isso?"

Aquela pergunta tamborilava dentro de sua cabeça e foi respondida com mais perguntas: "O que há de tão importante com o Éden?" "Por que querem que eu pense sobre isso?"

— Desiste? Eu vou lhe dar uma pista — provocou a voz desconhecida.

Andy riu:

— Aceito qualquer ajuda, seja lá de onde vier — fazendo uma referência ao fato de que ainda não podia ver o espírito que tinha aquela voz suave e feminina.

A ironia foi ignorada, mas a ajuda, como prometida, veio.

— Esqueça a história. Entenda os símbolos lendo além da poesia. Então use o que você já sabe. Você tem a resposta. Você sabe tudo sobre o Éden.

"Essa não! Mais uma com charadas...", pensou Andy, com impaciência. Mas, deixando sua irritação de lado, ele se concentrou na questão com todas as suas forças. "O que era o Éden e onde ficava? E, mais importante, qual a ligação?"

Ele estava no caminho iluminado pelas linhas vermelhas e brilhantes que ele pensou que o levaria ao seu destino final: reencarnar como um confortador. Como o Éden estaria ligado ao ato de ajudar espíritos na Terra a se prepararem para as mudanças que viriam?

Mudança... Terra. O início... Éden.

Um clique e, de alguma forma, as peças do quebra-cabeça gigante se encaixaram.

A resposta estava com Adão e Eva. A chave de tudo estava ali. Ele só tinha de descobrir como.

— Esqueça a história. Use o que você sabe. Você tem a resposta — insistiu a guia.

Seguindo o conselho, Andy voltou e misturou suas encarnações, como se embaralhasse cartas, em busca de pistas.

Primeira carta: Polônia, onde ele fora um padre católico.

Éden não é o céu, ele presumiu.

Fora do Gênese, em nenhum outro ponto o jardim paradisíaco é mencionado na Bíblia. Jesus nunca teve uma só palavra a dizer sobre isso. O Mestre de Luz não ensinou ou explicou nada sobre o Éden. O único lugar onde o Éden é mencionado é no Gênese. Portanto, o Éden não era o paraíso cristão.

Próxima carta: sua encarnação budista. O Éden certamente não era o Nirvana do Iluminado. O Nirvana não é um lugar, é a paz interior e a realização que ocorre quando um espírito encarnado se liberta das ilusões de seu ser físico. Nirvana, como ensinou Buda, é existir sem orgulho e ego. Nirvana é viver na Terra sem sofrer. Então o Nirvana não é o Éden.

Ele voltou para suas cartas mais uma vez: o rabino. Ele agora pensava por que Caim, que matou seu irmão Abel, não fora tão severamente punido quanto Adão e Eva.

Que lição pode ser aprendida da história em que seres humanos, depois de simplesmente comerem um fruto proibido, são banidos para sempre do paraíso, ao passo que Caim, depois de matar seu irmão, era protegido por Deus, **"Qualquer que matar Caim, sete vezes será castigado".**

Por que o Senhor deu a ele uma marca para protegê-lo? Por que o Gênese ensina que Deus defendia um assassino?

Perguntas, perguntas, perguntas, mas ainda nenhuma resposta. Ele sabia, porém, que suas respostas estavam presentes por trás daquela fábula.

Onde era o Éden?

Por que Deus falou aos recém-criados Adão e Eva como se eles já tivessem vivido antes?

"Mas da árvore do conhecimento do bem e do mal, dessa não comerás; porque no dia em que dela comeres, certamente morrerás."

Como poderiam Adão e Eva saber o que era a morte, se acabavam de ser criados? Na verdade, Andy, o rabino, recordava que, mesmo depois de comer a fruta, nem Adão nem Eva morreram.

Por que as contradições? O que isso tinha a ver com a Terra? O que isso tinha a ver com a missão de confortar? O que isso tinha a ver com as mudanças que seus guias anunciavam para a esfera terrestre?

Onde era o Éden?

No fundo de seu espírito, Andrew sentiu um outro clique, sutil, porém bem definido. A chave pela qual ele procurava girou na fechadura e tudo entrou no lugar.

A história se abriu e ele viu através da fábula e eliminou a poesia. Andrew de repente entendia que o Gênese era mais do que uma história sobre o início da vida na Terra. O Gênese é a história do Universo e o meio da Criação.

— A história é verdadeira! Ela é verdadeira quando sabemos quem somos — exclamou, excitado por sua descoberta.

Ele tagarelava. Seu novo conhecimento e percepção jorravam dele como a água vaza da fresta de uma represa. Tudo que ele havia aprendido e observado durante seus incontáveis ciclos de encarnação surgiu na superfície de sua consciência.

— O Éden não ficava na Terra; nunca ficou. O Éden não é o céu, porque não existe um. O Éden é um símbolo para um mundo mais evoluído. O Éden era onde determinados grupos de espíritos não podiam viver porque sua evolução não combinava com a do Éden. Então, como um grupo, eles habitavam um mundo criado recentemente chamado Terra.

— Carma grupal. Aqueles espíritos eram unidos por uma vibração — comentou a guia oculta. — Mas ainda há mais — acrescentou, encorajando Andrew a continuar.

— A árvore da vida é nossa vida na Terra — meditou Andy. — A história ensina que vivemos pelo livre-arbítrio e que cabe a nós dominarmos nossos instintos pelo poder, cobiça, fama e fortuna. Adão e Eva, as estrelas fictícias do Gênese, deixaram o Éden porque eles se deixaram levar por esses instintos. O Éden é o símbolo de uma vibração mais desenvolvida, menos material, menos densa que a Terra.

Andrew viu a história de Adão e Eva como a história de nossa jornada espiritual. Ele também sabia que a guia estava certa: havia mais coisas no Gênese, porque ele descreve como a Terra tomou seu lugar no vasto e complexo Universo e dá uma idéia de como o Universo funciona.

Espíritos incapazes de habitar um mundo de vibração superior foram enviados à Terra. É por isso que a Terra foi criada: como um lugar onde os espíritos continuam sua evolução.

"Existe um lugar para todos e tudo criado por Deus", pensou Andrew, "mesmo para um homem que matou o próprio irmão."

Lendo aqueles pensamentos, a nova guia falou:

— Aqueles espíritos simplesmente não podiam viver em um mundo que havia mudado. Assim o Criador, sendo justo, construiu um novo mundo chamado Terra.

Andrew lembrou-se de como a história acabava, mas agora as palavras traziam um novo significado:

"E havendo lançado fora o homem, pôs ao oriente do jardim do Éden os querubins, e uma espada flamejante que se volvia por todos os lados, para guardar o caminho da árvore da vida."

— Eu sei o que isso significa — disse Andrew humildemente. — A espada é um sinal de PARE. Um espírito não pode ir a nenhum lugar mais elevado que sua própria vibração permita. Nós não podemos ir adiante até que estejamos prontos.

A voz disse a Andrew que ele estava certo.

— Mas ainda há mais aí — indicou.

Andrew sacudiu a cabeça. Ele estava caminhando aos tropeços e disse à voz que não tinha nenhuma pista.

— Uma outra espada flamejante está vagarosamente se movendo para a Terra para guardar sua vibração. A Terra, assim como o Éden, está mudando lentamente sua vibração, preparando para assumir um novo papel na criação. É sobre isso que você tem de aprender.

— Tenho algumas dúvidas — arriscou Andy, timidamente.

— Sei que tem. Vamos usá-las para aprender.

Antes que Andy tivesse notado, a grade vermelha sumiu. O espírito se viu sob uma enorme cúpula, no meio de um grande prédio circular repleto de prateleiras, abarrotadas com volumes e mais volumes de livros espremidos até onde ele podia ver. Uma luz suave e difusa emanava do alto da cúpula, gentilmente iluminando todo o prédio.

Uma linda e jovem mulher surgiu ao seu lado, seus cabelos longos e louros refletiam a luz por toda a infinita biblioteca. Andrew se virou. Ele estava pasmo com sua beleza.

— Pode me chamar de Eva — disse ela sorrindo. — Parece apropriado, não é mesmo?

Era a até então invisível dona da voz.

17

Reflexões sobre a Terra

Há uma pequena meditação neste capítulo, mas, para compreendê-la melhor, vamos esclarecer alguns dos mal-entendidos que temos sobre a vibração chamada Terra.

A maioria dos judeus e cristãos vê a história do Gênese como uma história de punição. Deus jogou o feliz casal para fora do paraíso onde eles haviam sido criados, tornando suas vidas e as vidas de seus descendentes em semanas de sete dias de trabalho.

"Maldita é a terra por causa de ti", a Bíblia informa que Deus disse a Adão. **"Com dor comerás dela todos os dias da tua vida"**, disse Ele sobre a maçã, ou a fruta da sabedoria. **"Espinhos, e cardos também, te produzirá, e comerás a erva do campo. No suor do teu rosto comerás o teu pão, até que tornes à terra; porque dela foste tomado; porquanto és pó, e em pó te tornarás."**

De acordo com o Gênese, depois de tudo que foi dito e feito, Deus deu as costas ao casal e declarou:

"Eis que o homem é como um de nós, sabendo o bem e o mal."

Então Ele os atirou para fora do Éden e os enviou para algum lugar ao leste do jardim, presumivelmente para viver em algum bairro da periferia onde eles e todos os seus descendentes (nós), teriam de se virar para sobreviver.

De tudo isso, os cristãos vêm com a história do Pecado Original. Então veio Jesus, morreu na cruz e supostamente pagou nosso saldo devedor criado pelo "Pecado Original".

Mas aqui estamos, ainda nos virando para sobreviver. Não me parece certo que nós, vivendo no século 21, ainda tenhamos de carregar o "Pecado Original" cometido por alguns parentes distantes quando nem sequer o ar-condicionado havia sido inventado.

Por que nosso Criador amaldiçoaria incontáveis gerações por causa de algo feito por um jovem casal em sua lua-de-mel? E se Jesus veio para morrer por aquele e todos os nossos pecados, por que ainda estamos aqui, alguns de nós mal conseguindo existir?

Nada disso faz sentido até que percebemos que nós não estamos na Terra por punição. Estamos aqui porque o Criador realmente nos deu o conhecimento do bem e do mal e, graças ao livre-arbítrio, **"Eis que o homem é como um de nós"**, estamos na Terra para colocar esse conhecimento em uso.

As coisas não mudaram muito depois que Jesus morreu na cruz, por causa de um "Pecado Original" cometido há muito tempo, porque Jesus, o mensageiro da luz, veio à Terra para ensinar e não para pagar um débito que nunca existiu, em primeiro lugar.

Ele veio à Terra para viver como um homem e mostrar como, mesmo em um corpo físico denso, um espírito pode resistir à tentação, pode separar a si mesmo de seu ego e orgulho e pode viver a vida no caminho estreito. Sua vida, não sua morte, é o caminho.

Todos nós seríamos mais felizes e mais produtivos se parássemos de ver nossas vidas como uma punição. Nós progrediríamos em harmonia se vivêssemos sabendo que não estamos aqui para pagar pecados, mas sim para trabalhar em nossa evolução.

A Terra não é uma punição. É uma das muitas escolas oferecidas pelo Universo.

Nossas vidas não são punições, são conseqüências do que nós, individual e coletivamente, temos "colhido da terra".

Pense sobre as palavras abaixo por um ou dois minutos. Então, se as considerar adequadas, viva segundo elas.

MINHA VIDA NÃO É UM CASTIGO,
É UMA CONSEQÜÊNCIA DO APRENDIZADO.

EU NÃO SOU UM PECADOR,
EU SOU UM ESPÍRITO QUE ESTÁ APRENDENDO,
CRESCENDO E MUDANDO A CADA DIA QUE PASSA.

NÃO HÁ PECADO, MAS HÁ O CERTO E O ERRADO.

EU ESTOU AQUI NA TERRA PARA ESCOLHER,
A MEU MODO E A MEU TEMPO, ENTRE ELES.

A CADA ESCOLHA, EU APRENDO.

A CADA ESCOLHA, EU CRESÇO.

A CADA ESCOLHA, EU SOU.

18

O desafio

— Bem-vindo à *História do Mundo para Principiantes* — anunciou Eva. — Você vai descobrir que a história não acabou e está toda aqui — afirmou ela, enquanto seus olhos corriam pelas incontáveis prateleiras repletas de livros que lotavam o prédio. — Onde você quer começar? Isso não faz diferença, porque horas e datas são irrelevantes.

Andrew não respondeu de imediato. Ele estava ocupado se adaptando à nova vibração.

Ele nunca havia experimentado nada como aquilo antes. Parado no meio da colossal cúpula do majestoso prédio circular ele se sentia, de uma só vez, pequeno e insignificante e ainda assim conectado ao centro do Universo. O espírito sabia que tudo aquilo era uma grande ilusão, criada por seus guias para compor o ambiente. Mas ele tinha de admitir: era uma ilusão para lá de impressionante!

Eva se divertia:

— Você logo se acostuma — disse, lembrando-o que já tinha, mesmo sem saber, começado seus estudos. — Você viu e entendeu o início. É assim que irá acabar e começar de novo. Agora, porém, é hora de entender o meio.

"De novo com as charadas", pensou Andrew.

Mas a luz suave que irradiava por cada centímetro do prédio tinha sua função. Ele não queria mais discutir. Gostou de imediato de Eva e queria começar com o pé direito.

Ele começou tentando justificar sua personalidade um tanto implicante.

— Não se ofenda com isso. — Ele começou explicando seu estilo algumas vezes combativo. — Eu aprendi através da disputa e do debate. Eu posso ser um pé no saco. Alguns dizem que sou rebelde — admitiu, pensando no Mestre —, mas eu não sou. Sou um garoto e sou desconfiado, as duas coisas são marcantes em mim.

Eva suspirou e provocou:

— Ah, você é um desses... Tive uma sogra assim, uma vez.

Andrew rapidamente entrou na piada, dizendo que talvez ele tenha sido a tal sogra.

— Nunca se sabe — ironizou.

Estavam ambos satisfeitos com o entrosamento crescente entre eles, o que significava meio caminho andado na facilitação do que poderia ser um trabalho difícil e chato. Andrew temia essa etapa de sua jornada. Ele queria ir adiante com aquilo. O espírito estava ansioso para ver o que era a Nova Era na Terra e ainda não tinha entendido como uma retrospectiva da história iria prepará-lo para uma missão de confortador.

"O que passou passou", refletiu ele consigo mesmo. "Eu quero saber o que está para acontecer. É isso que conta."

Eva interrompeu os pensamentos dele, suave mas decididamente.

— Você está errado, Andy. O que passou não é passado. E, para o desenrolar do que está para acontecer, você tem de entender o que passou.

Sentindo que aquela era a hora de dar sua opinião, Andy calma e objetivamente, e sem nenhum pingo de emoção e malícia, sentenciou:

— Como eu disse, existem aqueles que pensam que sou impaciente, mas acho que já descobri o que você está para dizer. Você quer demonstrar como os espíritos terrestres progrediram e, como resultado desse progresso, a Terra está mudando.

Ele esperou que Eva confirmasse suas suspeitas, mas a guia estava tão calma e objetiva quanto ele. Seu rosto nada dizia.

— Deixe-me começar dizendo — adiantou-se Andy — que eu não acho que eles foram muito além do que eram desde o dia que o homem passou a espiar para fora das cavernas.

Eva balançou levemente a cabeça e simplesmente disse:

— É mesmo?

A ironia dela não passou despercebida.

— Eles ainda continuam batendo clavas uns nas cabeças dos outros — replicou Andy. — Não vejo progresso, mudança e evolução. Não posso ver nenhuma Nova Era surgindo no horizonte. As regras da velha Idade da Pedra continuam valendo, só que agora eles têm bombas atômicas, bombas de hidrogênio e bombas de nêutrons, além de mísseis que podem ser arremessados pela janela de alguns. Progresso? Ao invés de baterem uns nos outros com clavas, um de cada vez, eles provavelmente vão incinerar a todos de uma vez. — E, como se complementasse o pensamento, ele disse, indignado: — Não é isso que a Bíblia diz sobre o Apocalipse?

Avaliando o imenso prédio com seus milhares de livros, ele provocou:

— Deve haver alguma por aqui. Quer procurar?

— A Bíblia diz uma porção de coisas — aquiesceu Eva. — E uma dessas coisas que prediz é um novo céu e uma nova Terra. O que você acha que isso significa?

Andy abriu os braços. Ele não queria se prender a uma discussão sobre revelações bíblicas.

— Estamos saindo do caminho. Tudo que estou dizendo é que não vejo que progresso foi feito, exceto que agora eles têm TV em cores e alguns meios bem letais e eficientes de exterminar a si mesmos. Eu não fiz nada a não ser pensar sobre isso desde que Phil, lá em Nova York, disse que "progrediram muito". Eu não acho que eles realmente tenham ido tão longe assim.

Depois de ouvir tudo que seu aluno tinha a dizer, a professora sabia que sua aula tão cuidadosamente planejada não iria servir de nada. Eva tinha traçado meticulosamente o passo-a-passo para demonstrar como a vibração da Terra estava mudando. Ela agora viu que teria de usar um novo estilo, que era o de levar Andy aonde ele queria ir e, finalmente, aonde ela queria levá-lo.

Andy aguardava suas ordens. Um sorriso sutil se formou em seus lábios. Ele achava, na verdade, que sua professora estava encurralada.

Eva encarou-o de volta, notando o sorriso de satisfação brotando no rosto de Andrew.

"Ele gosta de desafios. Acho que vou lhe dar um", pensou consigo mesma.

Então, em meio à tranqüilidade e magnificência do prédio, ela lançou uma isca e esperou que Andy a mordesse.

— Certo — disse ela, fingindo desistir. — Vamos dizer que você está certo. Então prove.

Agora era a vez de Andy se ver jogado na fogueira. Ele não sabia o que dizer. Ele não acreditava em nada do que dissera e lá no fundo ele queria que provassem que estava errado. Mas a mesa virou e, na falta de algo melhor para dizer, tudo que ele pôde murmurar foi:

— Hein?

Eva quase esfregou as mãos, em júbilo. Andy estava inseguro e ela sabia disso. Ela estava certa de que tinha achado um meio de mostrar, de um modo que ele pudesse entender, o que significava verdadeiro progresso e evolução. Ela finalmente notou que em seu desejo de fazer uma apresentação metódica e ponto a ponto, ela se esqueceu de uma simples mas importante verdade: cada espírito aprende a seu modo e a seu tempo.

A guia sabia que Andy era especial e por isso ele estava ali. Ela admitiu o erro ao ir até ele com um plano preconcebido, sem antes se preocupar em conhecê-lo.

A partir daí, uma nova e confiante Eva, como uma lutadora que desafia seu oponente a dar seu melhor golpe, ergueu a cabeça e respondeu àquele "Hein".

— Você ouviu o que eu disse: então prove. Prove o que você está dizendo. Se você me mostrar que não houve progresso ou evolução na vibração da Terra, nós vamos acabar com o jogo agora, porque não serão necessários confortadores, já que não vão ocorrer mudanças naquele planeta.

Andy ainda estava confuso. Ele ouvira direito? Ela estava mesmo desistindo ou apenas sendo sarcástica? Ele preferiu acreditar na segunda opção e devolveu a ironia:

— Ei, vocês é que vieram me procurar. Espero que saibam mais do que eu. Por que não vamos direto ao assunto?

Eva girou nos calcanhares.

— Não é assim tão fácil. Sim — admitiu ela —, nós o chamamos e você atendeu. Mas é você, Andy, quem tem de ver. Você é quem tem de acreditar. Do contrário, não vai mesmo fazer o menor sentido continuar com isso.

Andy desabou.

O espírito sabia que não havia saída do buraco onde ele mesmo havia se metido. Ele sabia que Eva estava certa: se ele não acreditasse 100% naquela missão, seria inútil prosseguir. Ele perguntou o que ela queria que ele fizesse.

— Prove aquilo em que você acredita.

— Como? — perguntou Andy timidamente.

Eva estava improvisando, tentando ganhar tempo enquanto imaginava um plano para substituir a aula que tão cuidadosamente havia preparado. Agora ela pedia ajuda silenciosa, sabendo que espíritos mentores, do "lugar especial", estavam por perto e interessados no progresso de Andy. Aquela missão, afinal, era inspirada por eles.

— Deixe que ele indique o caminho — aconselharam eles. — Este espírito quer saber, quer aprender e, o mais importante, quer ajudar. Ele tem dúvidas porque ele não entende, mas está no caminho certo. Tudo que você tem de fazer é dar-lhe um pequeno impulso.

As palavras deles despertaram uma idéia e, ela admitiu para si mesma, era uma grande idéia.

Confiantemente, ela instruiu Andy a escolher qualquer fato de qualquer época da história do mundo.

— Você escolhe, deixe o resto comigo — disse Eva. — Use algo que você acha que prova seu ponto de vista.

Andrew ficou todo excitado. Aquilo não ia ser tão chato quanto imaginou.

— Qualquer coisa? Qualquer coisa de qualquer época, qualquer lugar, qualquer país? — questionou ele, testando os limites.

— Você escolhe, nós o revivemos. Pode ser na história recente, períodos medievais ou até mesmo da Idade da Pedra, quando vocês batiam uns nos outros na cabeça. A hora e o lugar não interessam. Você pode escolher quantas quiser. Vamos vivenciar cada uma delas juntos.

A curiosidade e a excitação resplandeciam na face de Andrew.

— O que eu quiser? — repetiu Andy, levando Eva ao auge da irritação.

— Qualquer coisa. Vamos viver o evento, não como espíritos encarnados, mas como seres espirituais. Eu acho que você vai achar bem interessante. Então, como vocês dizem na Terra — desafiou ela —, fale agora ou cale-se para sempre.

A tranqüilidade do prédio foi preenchida pela voz do Mestre, recordando o que ele dissera a Andy quando se encontraram pela primeira vez:

"Você verá os fatos do plano espiritual, descobrindo a razão real e viva pela qual ocorrem. Prepare a si mesmo para sentir."

Eva reconheceu a presença de Run-Chi. Nesse momento ela teve certeza de que estava no caminho certo.

De sua parte, Andy estava excitado. Isso poderia ser interessante, pensou ele.

— Há tanto para escolher — arriscou, em voz alta.

— Escolha quantos quiser. Fique à vontade.

Cenas de fatos da história da Terra começaram a aparecer e desaparecer em sua mente: a Inquisição Espanhola, as Cruzadas, romanos atirando cristãos aos leões. Ele pensava em cada uma delas.

"Não são boas", concluiu. "Ela dirá que ocorreram no começo da história da Terra, quando a humanidade ainda estava lutando para descobrir a moralidade."

Escravidão, o massacre dos índios americanos, a brutalidade dos conquistadores espanhóis e os massacres que cometeram em nome de Deus... Ele também descartou estes todos. Andrew queria algo recente e contemporâneo.

Eva esperou pacientemente, com um sorriso manhoso nos lábios.

— Nada do futuro, pelo menos por enquanto — advertiu. E, como se estivesse lendo a mente dele, acrescentou: — Você vai se envolver com aquele fato quando for a hora certa.

Ela sabia o que Phil havia mostrado para Andy. Aquela revelação, ela sabia, impressionara-o e era uma das razões pela qual estava ali. Mas aquela não era a hora de abordar o assunto. Aqueles eventos seriam tratados de uma forma especial.

Andrew girava seus olhos. A rápida aproximação daquele dia de setembro realmente passou por sua consciência, mas ele sabia que tinha mais do que o suficiente na história recente da Terra para provar seu ponto de vista.

— Estou pronto. Você vai ter alguns momentos difíceis — anunciou ele — para demonstrar que espíritos humanos evoluíram desde que nos batíamos uns nos outros com clavas.

Seu desafio não ficou sem resposta.

"Ele verá que nada daquilo tem a ver com nada disso", esperava Eva. "Ele vai entender o que significa a Nova Era a seu próprio modo e a seu próprio tempo."

Andy também tinha suas expectativas.

Ele esperava que estivesse errado. Ele esperava que Eva mostrasse a evolução e o progresso nos trágicos eventos que ele havia escolhido.

Assim, cada um com suas próprias expectativas, Andy e Eva deixaram a luz branca e suave da biblioteca para trás para reviver algumas das noites mais escuras da humanidade.

Os espíritos mergulharam no abismo da história.

19

Alguns pensamentos sobre responsabilidade

Se você está lendo este livro, você deve ter alguma inclinação ao esotérico, místico ou espiritual. No mínimo, você está procurando respostas que não encontrou nas religiões ou crenças tradicionais.

A maioria deve ser como Andy: cheio de dúvidas e perguntas. Espero que, à medida que o livro avança, algumas dessas dúvidas e perguntas sejam respondidas.

Mas neste momento o livro está prestes a explorar um tema importante e interessante: nossa brutalidade e desumanidade uns com os outros. Antes que Andy e Eva "mergulhem no abismo da história", pode ser apropriado fazer algumas perguntas a nós mesmos.

1. Nós vivemos segundo nossa fé? Eu sei que nenhuma fé prega o ódio e a intolerância. Cristo não os pregou, nem Moisés, nem Buda, Krishna ou Maomé. Mesmo assim, os cristãos organizaram cruzadas sangrentas para destruir muçulmanos; árabes e judeus matam e mutilam uns aos outros por retalhos insignificantes de terra; e hindus e muçulmanos se atacam pelos assim chamados lugares sagrados.

Não é a fé que gera o ódio. Não é a fé que cria a intolerância. É a falta de fé do homem em seu semelhante que faz isso. Alguns homens usam a religião para justificar qualquer coisa, desde o genocídio (os conquistadores espanhóis na América do Sul, por exemplo) até a guerra (a cada semana, mais ou menos, uma nova guerra santa é declarada em alguma parte do mundo).

Nos Estados Unidos, alguns homens torceram e distorceram a Bíblia cristã por seus propósitos particulares obstinados e cegos, dizendo a seus seguidores que o Novo Testamento justifica o racismo, o ódio e até mesmo o assassinato.

Alguns cristãos até apontam a Bíblia para santificar a pena de morte: "Olho por olho", eles gritam piamente a todos aqueles que pensam que o assassinato, não importa quem o cometa, é errado.

2. Você já pagou um drinque a um bêbado? Esta é uma pergunta que traz muita sabedoria. Significa: você já adicionou mais sofrimento e miséria ao mundo?

Os espiritualistas sabem que toda ação tem sua reação e cada escolha tem sua própria conseqüência. Se todos nós crêssemos nisso e agíssemos de acordo com essa crença, ninguém jamais pagaria bebida a um bêbado.

Os espiritualistas crêem que não existem inocentes: todos nós vivemos antes e todos fizemos nossa cota de coisas erradas. Se nós acreditássemos nisso realmente, ninguém (como disse Jesus) iria atirar a primeira pedra contra seu semelhante.

Aqueles que já alcançaram um nível de desenvolvimento em que se pode viver a fé sem a orientação de um padre, pastor, ministro ou rabino, façam isto: não deixem os outros dizerem a vocês em que acreditar ou como agir. **A RESPONSABILIDADE É SUA.**

Aqueles que querem disciplina e orientação, prestem atenção aos seus líderes. Se eles usam palavras como "Eles estão errados, nós estamos certos", "Eles são pecadores", "Eles estão perdidos", procurem um novo líder espiritual. Religião não é um concurso ou competição sobre quem está certo ou errado. E mais uma vez: **A RESPONSABILIDADE É SUA.**

Lembre-se: Cristo nunca disse que seus seguidores eram melhores ou mais santos que outros quaisquer. Ele até pediu perdão pelos erros de seus carrascos.

Lembre-se: Maomé nunca disse a um muçulmano para amarrar uma bomba a seu corpo.

Lembre-se: Buda nunca disse que os budistas eram mais sábios ou abençoados que outros. Ele sempre ensinou que havia mais de um caminho para a iluminação.

Lembre-se: Moisés nunca disse que os judeus foram escolhidos porque eram especiais. Ele disse que foram escolhidos por Deus para serem Seus exemplos.

Mas, acima de tudo, lembre-se: nós somos responsáveis por nossas vidas; não nossos pais, nossos amigos ou nossos padres, pastores, rabinos e homens santos. Apenas nós somos responsáveis por nossos atos.

20

O trem da morte

A noite estava silenciosa, exceto pelo sopro ritmado e contínuo da supercarregada máquina a vapor.

A noite estava silenciosa, exceto pelo barulho do aço batendo contra aço enquanto os vagões eram empurrados e atirados na direção de seu destino final.

A noite estava escura. A lua se escondia atrás de nuvens cinzas como um lençol estendido no céu da Europa Oriental.

A noite estava fria e arrepiante, pesada com o cheiro e a sensação da nevasca que se aproximava.

O quinto vagão a partir da locomotiva também estava quieto, exceto pela lamentação das almas, pesada e profunda.

O quinto vagão a partir da locomotiva também estava escuro. Nenhuma luz confortava os viajantes em sua viagem da meia-noite através do campo coberto de neve.

No quinto vagão a partir da locomotiva o ar estava azedo e úmido, carregado com o odor de corpos sem banho, fezes e urina misturados ao cheiro do medo.

No quinto vagão a partir da locomotiva, Andy e Eva se encontravam entre duzentos ou mais seres humanos apertados uns contra os outros, viajando para um destino ignorado.

Enquanto o trem corria pelos trilhos gastos, os dois espíritos, invisíveis para os companheiros de viagem, trocaram olhares.

— Então esta é sua primeira parada... — observou Eva secamente.

Andrew acenou com a cabeça e não disse nada. Ele olhou para a massa de humanidade tremendo ao seu redor: velhas mulheres penduradas a velhos homens, jovens mães agarrando crianças recém-nascidas contra seus peitos, garotinhos segurando as mãos trêmulas de seus pais e garotinhas agarradas com os braços ao redor da cintura de suas mães. Ninguém dormia no chão coberto por tábuas de madeira; não havia espaço. Os mortos permaneciam com os vivos e com os quase mortos, depositados pelos cantos do vagão de carga que sacudia.

— Você sabe onde nós estamos? — perguntou Andrew, sussurrando sem precisar. As almas encarnadas não o viam nem ouviam, mas ele sussurrava respeitosamente.

Eva assentiu.

— Você chama isso de progresso? — indagou ele.

O trem ganhou velocidade. Havia deixado a parte sinuosa dos trilhos no pé das montanhas para trás, chegando às planícies achatadas, tristes e lamacentas do interior da Polônia.

— Algumas vezes, as coisas não são o que aparentam — replicou Eva, também sentindo o medo e o desespero no ar. — Este é o resultado da intolerância do homem. Esta é a conseqüência da cobiça, do ódio e da arrogância. Pode não ser progresso como você compreende a palavra, mas é parte do desenvolvimento deste planeta. — E, entre os que sofriam em abandono ao seu redor, ela confirmou calmamente: — Sim, há evolução aqui.

Andrew rosnou em desacordo.

O vagão já não chacoalhava de lá para cá suavemente, ele sacudia violentamente enquanto a locomotiva ganhava vapor e velocidade, correndo feito uma bala, apitando para seu destino final. Baldes transbordando com fezes e urina de três dias de uma viagem sem paradas derramavam sua sujeira pelo chão enquanto o trem tomava impulso. Nenhuma das duzentas almas no vagão parecia notar ou se importar.

— Você sabe para onde estamos indo? — provocou Andrew.

Eva respondeu calmamente:

— Auschwitz.

— É uma fábrica da morte — afirmou Andrew.

— Eu sei.

O longo trem, de mais de cinqüenta vagões repletos de judeus europeus, voava pelos trilhos direto para o fim da linha. Hora após hora se passava. Andrew calculou que devia ser por volta de três da manhã, na Terra, no inverno de 1943. Os vagões chacoalhavam de um lado para o outro, negando a seus passageiros condenados um último momento de algum descanso e paz antes que chegassem ao campo da morte.

Auschwitz: o nome dado pelo exército alemão para uma pequena aldeia esquecida na Polônia, antes chamada Oswiecim.

Auschwitz: um nome ardendo nos corações de judeus europeus por toda a longa noite do Holocausto.

Auschwitz: um nome para sempre ligado à desumanidade de um homem para com o outro.

Auschwitz: bem em frente.

O ruído contínuo do motor diminuiu, quando o maquinista reduziu a marcha do trem ao adentrar os limites do enorme campo desolado.

O condutor checou seu relógio enquanto os vagões cruzavam quilômetros de cercas de arame farpado eletrificadas: o artefato informava que ele havia chegado no horário

Em meia hora, os vagões seriam esvaziados e uma nova tripulação levaria o trem vazio para fora do campo, para logo retornar com uma nova carga para os crematórios de Auschwitz. Vagarosamente agora, a locomotiva movia-se ruidosamente sobre uma grande arcada que a recebia no campo. Suavemente o maquinista deslizava o longo trem cheio de carga humana para sua parada. Não havia uma grande plataforma para dar boas-vindas para aqueles passageiros. Não haveria nenhum motorista de táxi ou carregador de bagagem para encontrá-los. Embora estivessem prontos para entrar em um mundo que nunca visitaram ou imaginaram que existisse, eles não teriam nenhum guia turístico feliz e sorridente para lhes mostrar o caminho.

Esta era Auschwitz: o fim da linha.

No lugar daquilo tudo, eles eram recebidos por feixes de luz branca que os cegavam, rudemente, provenientes de um grupo de poderosos holofotes, que vasculhavam e iluminavam cada centímetro do trem, e pelos ensurdecedores e aterrorizantes latidos de cães furiosos e assassinos levados pela coleira por guardas empunhando metralhadoras que os recebiam com a coronha em seus rostos e costas, guiando-os em seu caminho.

Eles não pisavam sobre uma plataforma, mas eram jogados dos vagões malcheirosos diretos na lama congelada. Ao redor deles, uma confusão organizada era geral. Guardas separavam mães de crianças, filhos de pais, esposas de maridos. Esqueletos humilhados de homens e mulheres vestindo uniformes listrados em cinza-claro sobre cinza-escuro circulavam ao redor deles, ordenando que ficassem quietos e obedecessem enquanto eles traduziam instruções berradas em um alemão rude e gutural.

Andrew e Eva saíram do vagão e se viram no meio de um tumulto infernal. Sem serem vistos ou ouvidos, eles testemunharam gerações sendo quebradas, famílias sendo divididas, enquanto guardas triavam sua carga humana. Ordens eram gritadas, tiros disparados, chicotadas distribuídas e punhos acertavam as faces e as costas enquanto filas de farrapos humanos se formavam nas primeiras horas da manhã gelada de Auschwitz.

A atenção de Eva estava nas quatro enormes chaminés do campo, que iluminavam a escuridão com uma chama vermelha alaranjada.

— A maioria deles estará saindo por ali dentro de uma hora — comentou Andrew, ao notar para onde Eva estava olhando. E ele não pôde evitar mais um comentário: — Eles têm clavas mais eficientes hoje em dia. Este é o único progresso que vejo por aqui.

Ela assentiu, mas se propôs a manter silêncio. Pelos próximos poucos minutos ela manteria a boca fechada. Eva sorriu sombriamente para Andrew, mas olhou para os milhares de almas desorientadas e aterrorizadas em frente a ela, até que encontrasse o que estava procurando: os ajudantes individuais e guias de cada espírito encarnado tremendo na manhã fria e escura. Ela sorriu para eles e alguns sorriram de volta.

"Eles estarão bem ocupados", refletiu Eva para si mesma.

Ela sabia que cada espírito, libertado de seu corpo físico pela morte iminente, seria encontrado por seu próprio guia, que tentaria fazer sua trágica e brutal passagem da Terra ao espírito ficar mais fácil.

Andy estava muito ocupado preparando sua argumentação para notar a atividade do seu lado da existência e entendeu, erroneamente, que o silêncio dela era sinal de que concordava. Assim, foi adiante:

— Olhe agora — disse Andy quando um homem alto e elegante num jaleco branco de médico, seguido por sete assistentes, caminhava pelas enormes fileiras de humanidade, balançando seu polegar para a esquerda ou para a direita.

Eva viu a aura cinzenta e insensível rodeando o doutor.

— Ele está entregue ao lado negro — observou ela. — Você viu o lugar especial e viu o outro lugar. Então você sabe que existem duas vibrações influenciando o plano terrestre. A aura daquele espírito está afinada com o mal.

Andy perguntou se ele era menos responsável por seus atos.

Ela sacudiu a cabeça e disse que existiam diferentes níveis de responsabilidade.

— Ele é um homem supostamente educado e culto e tem um intelecto evoluído. Por essa razão, sua responsabilidade é maior do que — ela apontava para um guarda fazendo mira com sua metralhadora nos prisioneiros — um ignorante e analfabeto camponês. Os dois espíritos são responsáveis por suas atitudes, mas o carma deles será diferente porque suas intenções e o nível de seu desenvolvimento são diferentes.

Eva pediu a Andy que mantivesse aquilo em mente: o progresso espiritual não é realizado por padrões terrestres.

— Não existem testes padronizados, não existem modelos. Com cada espírito, o caminho da evolução é único, porque nós somos únicos.

Andy murmurou alguma coisa sobre como aquele ambiente inteiro estava afinado com o mal, mas Eva ficou quieta e deixou Andrew continuar com sua conversa sobre o que acontecia ao redor deles na fria e úmida manhã de Auschwitz.

— Isto aqui é uma seleção. Quando ele — disse, indicando o médico — aponta para a esquerda, significa uma viagem para a câmara de gás. Quem tem mais sorte? Aqueles que são sufocados e queimados ou aqueles que vivem por dias e noites brutais e agonizantes como escravos até que façam sua visita à câmara de gás? Ou o que me diz dos que sobrevivem e passam seus dias assombrados por essas memórias? Quem tem mais sorte? — insistia Andy.

Eva não podia deixar a pergunta sem resposta, mas decidiu ser bem sucinta. Ela queria que Andy construísse sua argumentação o melhor que pudesse. Como alguém poderia, testemunhando o que estava acontecendo ao redor deles, pensar que os espíritos humanos fizeram qualquer progresso através dos séculos que viveram na esfera terrestre?

Em breve, Andy descobriria a resposta.

— Você dá muita importância ao ato de morrer — começou Eva. — E você sabe sobre a sorte. Não existe boa ou má sorte, nem acaso ou circunstância. Nada acontece sem uma razão, e por trás de cada razão você vai encontrar carma — explicou sem emoção.

— Então existe uma terrível carga de carma ruim sendo usada e gerada hoje — murmurou Andy.

— Também não existe carma bom ou ruim, mas simplesmente os resultados de ações e intenções. O que está acontecendo aqui é o resultado do carma.

Andrew decidiu ignorá-la. Seus olhos ainda estavam presos ao alto oficial médico alemão com o jaleco branco sobre seu uniforme de couro preto. De quando em vez, o médico pararia e faria uma ou outra pergunta gentilmente, especialmente para as crianças. Em algumas vezes ele afagaria os cabelos de um garoto, sorriria e tiraria a criança da fila para desaparecer dentro da noite.

— Ele vai fazer experiências com aquelas crianças. Injetar tinta azul dentro de seus olhos. Ele quer criar arianos perfeitos — disse Andy amargamente. — Que tipo de carma têm aquelas crianças? — adicionou sarcasticamente.

— Não é para você saber — respondeu ela, acrescentando: — Você dá muita importância ao que acontece neste mundo. Pense não no que está acontecendo, mas sim *por que* está acontecendo. Você sabe que aquelas crianças não são crianças; elas já viveram antes. Algumas podem ser voluntárias, encarnando nesta época e lugar para estimular a consciência mundial. Outras podem estar equilibrando seus próprios carmas pessoais. Não é você que vai saber, nem nós que vamos julgar.

Andy não teve chance de resposta. A formação já havia sido dividida em colunas da esquerda e da direita.

— Vamos seguir a da esquerda — sugeriu Andy, e Eva seguiu zelosamente quando os condenados tomavam seu caminho para uma caverna de concreto subterrânea, molhada e fria.

Eles eram recebidos novamente por ordens em alemão rude e gutural:

— Tirem suas roupas. Vocês receberão novos e limpos uniformes, depois que tomarem banho — instruíram os soldados. — E não se esqueçam de amarrar seus sapatos um ao outro. Vocês não vão querer perdê-los.

— É tudo mentira. As roupas são mandadas de volta à Alemanha, com os sapatos. Eles — afirmou, apontando para a multidão sem roupa — não vão precisar delas para onde estão indo.

Silenciosamente e um tanto envergonhados, homens, mulheres e crianças completamente nus esperavam apreensivamente pelo que viria depois.

— Agora eles terão as cabeças raspadas. Dirão a eles que é para eliminar piolhos, mas estes sujeitos descobriram uma maneira de lucrar mesmo no meio desta loucura — contou, explicando para Eva como o cabelo seria transformado em chinelos para a tripulação de submarinos alemães. — Cada centavo tem seu valor em tempos de guerra — acrescentou amargamente.

Quando Andrew estava terminando de falar, os homens, mulheres e crianças nus eram apressados para dentro de um salão enorme, mal iluminado e frio, onde eles eram colocados em fileiras de banquinhos de madeira. Atrás deles, outros prisioneiros em uniformes sujos e surrados usavam tesouras sem corte e enferrujadas para cortar-lhes os cabelos. Homem ou mulher, menino ou menina, o corte era o mesmo: irregular e curto.

— Agora é a hora. A clava está pronta para golpear — reforçou Andrew, enquanto cada grupo era levado para um enorme salão de banho de azulejos brancos.

Assim que cada pessoa passava pela porta da câmara, eles recebiam um pedaço de sabão, "para o banho".

Cada pessoa que entrava nutria esperanças de que os rumores sussurrados pelos guetos judeus da Europa Oriental desde 1942 fossem falsos.

Cada pessoa que entrava se agarrava a fios de esperança enquanto pensamentos desesperados tomavam conta de seus últimos momentos na Terra.

"Por que eles nos dariam sabão, se não fosse para que nós o usássemos?"

"Por que eles rapariam nossas cabeças, se não fosse para nos ver livres de piolhos?"

"Por que eles nos diriam para amarrar nossos sapatos um ao outro, se nós não fôssemos tê-los de volta?"

Quando o salão estava repleto, as portas eram trancadas. As luzes se apagavam e gritos e gemidos podiam ser ouvidos ricocheteando pelas paredes de azulejo branco.

No lugar de um confortável jato d'água, um sereno assobio era ouvido acima dos gritos e preces. Era o jato de gás.

Andy e Eva estavam dentro do salão de banho, vendo e ouvindo o inferno que se passava em frente a eles.

Mães caíam sobre suas filhas, tentando em vão protegê-las da garoa venenosa que caía sobre elas.

Pais abraçavam seus filhos, dizendo adeus a eles e às suas próprias esperanças e sonhos por seus filhos.

Os jovens atropelavam os mais velhos, enquanto os mais

fortes abriam caminho para as portas, lutando instintivamente por sobrevivência.

Vagarosamente, os gemidos e gritos acabavam, e apenas o gás assobiando e vazando pelos chuveiros permanecia. Nenhum som, nenhum movimento vinha da massa humana amontoada e massacrada. Nem mesmo um soluço.

Um ruído elétrico era ouvido e o rápido som de ventiladores acelerando preenchia o cavernoso salão de banho.

— É o exaustor, sugando o gás para fora — comentou Andy.

Depois de alguns minutos, as portas se abriram. Prisioneiros fortes e bem alimentados, usando o uniforme listrado de cinza claro e escuro, entravam e começavam a separar os cadáveres amontoados.

— Antes de ir para o crematório, cada corpo será inspecionado em busca de qualquer coisa de valor. Serão abertas as vaginas e os canais retais. Nada pode ser desperdiçado — Eva ouvia o comentário de Andy.

O salão de banho foi rapidamente esvaziado e lavado. Em alguns momentos ele seria novamente aberto para receber uma nova leva de prisioneiros. Novamente, as luzes se apagariam e os jatos dos chuveiros iriam sufocar a lamúria, os gritos e as preces.

— Há algo mais que você gostaria de ver? — perguntou Andy.

— Não sou eu quem decide — respondeu Eva. — A questão é se existe algo mais que você queira me mostrar.

— Aqui não. Já tive o bastante deste lugar. Mas há uma outra época e lugar que eu acho que deveríamos visitar, isso se você acha que eu ainda tenho de provar alguma coisa — disse Andy, esperançosamente.

Eva disse que iria aonde quer que ele quisesse. Ela havia feito anotações mentais e, quando Andy terminasse sua viagem através da história, ela lhe explicaria que, não importa o quão escuro, o quão feio, o quão impensável um fato possa ser, ele acontece por uma razão, e esta razão sempre se encaixa no plano divino do progresso.

Abandonando os chuveiros subterrâneos, os dois espíritos flutuaram sobre as chaminés do crematório. Todas as quatro liberavam uma chama vermelho-alaranjada que brilhava no escuro da noite de inverno, iluminando o caminho para Andy, enquanto ele dava mais um passo em sua jornada de dúvida e descobrimento.

21

O dia em que o sol explodiu

É uma manhã clara com pouquíssimas nuvens manchando um perfeito céu azul. Uma brisa morna e suave movia preguiçosamente as folhas das árvores da cidade, enquanto o sol espalhava seu calor pelo centro urbano que acordava vagarosamente. Tudo está como deveria estar. Nada parece fora do comum nesta manhã de agosto.

Mas algo está.

Seis horas antes a morte começou a percorrer seu caminho sobre as águas cor-de-esmeralda do Pacífico.

Agora são oito da manhã. A morte se aproxima.

Mulheres fazem compras em pequenos mercados da vizinhança, homens estão no trabalho e crianças brincando ou na escola.

Muitos não voltarão para casa. Estarão mortos ou suas casas não mais existirão.

A morte está por perto, em uma manhã clara e comum de segunda-feira.

Os dois espíritos a aguardam no alto de uma grande cúpula. Eles olham para a pequena cidade, que cresceu em um vale cercado por montanhas verdes, cortada por seis rios tranqüilos.

Eles observam o ir e vir dos bondes nos trilhos reluzentes, enquanto barcos aportam ou partem das docas da cidade ou pelos rios. É uma segunda-feira normal em Hiroshima, durante a guerra.

Andy explicou que eles estavam no alvo, quase exatamente onde a explosão iria ocorrer.

Esse tipo de bomba não é ativada quando atinge o solo. Ela explode ainda no ar.

Eva instintivamente olhou para o céu enquanto ouvia o choro de uma sirene de alerta antiaéreo.

Por toda a cidade, milhares de rostos também se voltaram para o alto. Eles viram a silhueta de um avião solitário e prateado se destacando no céu sem nuvens.

Momentos depois, a sirene soava um toque tranqüilizador. Era um alarme falso.

"Este não era um bombardeio, pois as bombas nunca vêm em um único avião", dizia o senso comum.

"Provavelmente é um avião meteorológico", muitos pensaram e rapidamente voltaram à rotina de suas vidas em tempos de guerra.

Uma professora faz a chamada em uma classe do colégio.

O trocador do bonde dá o troco a um executivo.

Uma dona de casa vigia atentamente um balconista enquanto ele embrulha seu peixe em um jornal.

Andy e Eva observam cuidadosamente o céu e vêem o avião solitário deixar cair uma única bomba. Eles vêem o avião rapidamente mudar sua direção para a direita, para cima e para longe da cidade.

Os segundos passam.

A bomba rasga o céu azul deixando um rastro de finas chamas vermelhas.

Os alunos respondem à medida que seus nomes são chamados na classe do colégio.

O executivo encontra um assento vazio nos fundos do bonde.

A dona de casa coloca o peixe embrulhado no jornal dentro de seu cesto de compras.

Tique-taque. Os segundos de vida se acabam.

A morte chegou.

O sol explode.

Flash: o mundo ficou branco.

Flash: os alunos do colégio evaporam quando o ar ao redor deles atinge 300 mil graus centígrados.

Flash: o bonde, com o executivo e mais dezessete outros passageiros, desaparece, vaporizado no espaço.

Flash: a dona de casa, o balconista e os fregueses do pequeno armazém são esmagados quando o mercado desmorona.

Flash: o mundo mudou. Para sempre.

É 6 de agosto, 1945, 8h15 da manhã.

A cidade era Hiroshima e a primeira bomba atômica havia sido lançada.

Os dois espíritos observam enquanto o concreto do que fora a grande cúpula se desfaz e sua estrutura de aço se torce e ronca em agonia. De onde estão, no centro da explosão, eles testemunham uma cidade inteira desaparecer.

Eles vêem quando mulheres com vestidos floridos são queimadas com o desenho de flores se fundindo em suas peles. Andy e Eva assistem a quando casas e edifícios literalmente saem do chão, e depois caem e se espatifam.

Em questão de segundos, a cidade inteira é demolida. Alguns poucos esqueletos de concreto permanecem em pé para lembrar às pessoas onde um lar ou um prédio estava.

Os sobreviventes vagam pelas ruas, pele e retalhos rasgados caem de seus corpos, globos oculares derretidos e cabelos queimados. Antes de a bomba cair, trezentas mil pessoas viviam ali. Metade morreria.

A luz branca da explosão, mais intensa que o sol, marcava em fogo as sombras no chão. Um homem que passeava com seu cachorro, foram ambos vaporizados, mas suas sombras estão para sempre gravadas no concreto destruído de uma ponte. Acima da cidade, uma nuvem em forma de cogumelo de dez mil metros de altura paira, sugando para dentro dela o que havia sido Hiroshima. A nuvem logo devolverá à cidade tudo que antes era a cidade em uma chuva negra de noventa minutos, gotejando pó e escombros radioativos.

Andy e Eva passeavam pelas ruínas. Milhares de pássaros

mortos, golpeados no ar, se acumulavam nas ruas. Os vivos e os mortos boiavam nos rios próximos; os vivos clamando por socorro, os mortos dando seu testemunho silencioso da devastação. Crianças, algumas com sangue escorrendo das órbitas vazias de seus olhos, tropeçam cegamente em meio aos escombros gritando por suas mães. Sobreviventes, com suas peles cozidas se desfazendo, arrastavam os pés entre as ruínas em chamas, procurando por lares que são agora pó se acumulando na terra.

Eva viu, assim como viu em Auschwitz, os espíritos ajudantes, auxiliando os mortos a fazer sua passagem da Terra para o espírito. Em Hiroshima, porém, seu trabalho era dificultado pela forma repentina e surpreendente como a morte aconteceu. Eva sabia que haveria inúmeros espíritos vagueando pela cratera radioativa durante dias e até mesmo meses antes de se darem conta de que já não eram mais parte daquele mundo.

A voz de Andy tirou sua atenção da devastação, sofrimento e gritaria ao redor deles.

— Nós podemos ficar aqui por uns dias — refletiu gravemente — e penetrar no sofrimento. Nós podemos ver pessoas cegas pela luz vagar como zumbis pelas ruas. Ou podemos ir para uma outra cidade — sugeriu amargamente —, onde uma outra dessas bombas será jogada.

Como Eva não respondeu, Andy ficou certo de que havia vencido. Ele tinha certeza de que provara que o homem não evoluiu desde os dias da Idade da Pedra, quando selvagemente uns batiam nos outros com clavas de madeira. Mas ele não sentia nenhuma alegria por sua aparente vitória. Ele se sentia vazio porque sabia que seu êxito era oco. O que ele mais queria era que Eva provasse que estava errado.

No entanto, como poderia ela dizer algo que negasse o tenebroso pesadelo de Auschwitz? O que poderia dizer para explicar o terrível inferno de Hiroshima?

— Existem muitos outros exemplos para expor. Alguns são grandes e dramáticos como Auschwitz e Hiroshima. Outros são momentos comuns e cotidianos da nossa vida diária na Terra.

Eva ainda não dizia nem uma palavra. A hora, ela pensava, ainda não era aquela. Ela queria que Andrew terminasse tudo que tinha para dizer antes de começar a responder.

— Eu não lhe mostrei como — continuou Andy — em algumas cidades do mundo as pessoas têm medo de sair de suas casas e andam pelas ruas aterrorizadas, temendo ser roubadas ou seqüestradas. Eu não lhe mostrei como as pessoas conspiram no trabalho, mentindo, enganando e roubando, apenas para galgar um degrau na escada da posição social e do dinheiro.

O rosto de Andy ganhou um olhar distante enquanto ele visualizava as cenas que descreveu se materializando em frente a ele.

— Você poderia ver pais estuprando as próprias filhas, mães assassinando seus filhos, irmãos e irmãs lutando por herança. Nós poderíamos sair daqui e ir visitar a Auschwitz dos dias atuais, um lugar chamado Bósnia, ou podemos ir a um pequeno vilarejo vietnamita chamado My Lai, onde toda a população foi massacrada pelo exército americano. O que acha de dar um pulo no Oriente Médio, onde as vítimas de ontem são os agressores de hoje? Nós podemos ver garotos adolescentes explodirem a si mesmos em ônibus, restaurantes e shoppings em nome de Deus e da salvação. Nós podemos visitar qualquer lugar da esfera terrestre e eu lhe mostrarei onde o ódio, a revolta e o medo vivem.

Eva prestava toda a atenção a tudo que Andrew dizia.

Ela admirava sua determinação, mas disse a ele que não precisavam continuar naquela sua viagem através da história mundial.

— Acredite... — admitiu. — Concordo com você, Andy: não parece que eles progrediram muito desde a Idade da Pedra, e suas clavas certamente estão maiores e mais letais. Mas há muito, muito mais do que os olhos podem ver.

Mas os olhos de Andy só conseguiam ver a triste tragédia da cidade destruída. Ele olhou para Eva e, com a voz trêmula, perguntou timidamente:

— É assim que vai acabar? Esta é a Nova Era?

Eva respondeu do mesmo modo:

— Isso não tem importância.

Andy pensou que não tinha ouvido direito e pediu a ela que repetisse.

Em um tom calmo e confiante, ela explicou servilmente:

— Eu disse que não tem importância como vai acabar, porque não existe um fim.

Andy não respondeu, e, antes que tivesse a chance de fazê-lo, Eva disse abruptamente que era hora de prosseguir.

— Você me mostrou o que quis mostrar. Você construiu sua argumentação e agora é minha vez. O que você disse e fez me convenceu de que é a pessoa certa para a missão. Você tem compaixão e empatia, e, mais importante que isso, você se revolta contra o sofrimento desnecessário neste plano.

Andrew ia dizer alguma coisa, mas ela o impediu.

— Mas você não tem visão e não tem fé. Eu vou lhe dar visão, assim você pode ter fé. Está pronto?

Os olhos dele passearam pela carcaça do que já havia sido uma cidade viva e movimentada. Seus olhos estavam cheios de lágrimas quando ele olhou para Eva.

— Eu tenho de saber: a Terra vai se fritar em um holocausto nuclear, onde "não ficará pedra sobre pedra"?

Pela primeira vez desde que saíram da biblioteca, Eva sorriu.

— Você me mostrou o passado. Agora, eu vou lhe mostrar o que ele significa. Depois, eu vou lhe mostrar os raios brilhantes do futuro.

Andy sacudiu lentamente a cabeça.

— Certamente não existe nenhum desses raios por aqui — comentou.

"Ele sabe tão pouco...", pensou Eva.

Mas ela decidiu manter seus pensamentos para si mesma. Andy ainda tinha um longo caminho pela frente em sua jornada de dúvida e descobrimento.

22
A guerra santa de Andy

Andy estava desapontado e confuso. Ele achou que voltariam para a biblioteca onde a luz branca e calma irradiava da magnífica cúpula.

Mas não havia nenhuma biblioteca. Não havia cúpula nem a luz suave e tranqüila.

Ao invés disso, ele se viu no meio de uma enorme sala totalmente vazia e em silêncio. Era escura, mas ele podia vagamente divisar as paredes e onde elas se encontravam com o chão.

— Com certeza não existe nenhum desses raios brilhantes do futuro por aqui — disse ele, citando Eva. E, com mais do que uma pequena dose de sarcasmo temperado com decepção, disse: — Talvez porque não exista nenhum.

Ele deixou Hiroshima certo de que provara que os espíritos humanos, desde que chegaram à Terra, não evoluíram. Mas isso não lhe deu nenhuma satisfação. Andy queria desesperadamente estar errado. Ele ansiava ver aqueles raios brilhantes.

Ele esperava com todas as forças que Eva agora lhe mostrasse que os espíritos humanos tinham, sim, saído das cavernas da Idade da Pedra e estavam prontos para receber uma Nova Era de paz, fraternidade e harmonia. Ele desejou que aqueles "raios brilhantes do futuro" começassem a brilhar naquele quarto escuro e sem vida.

Andy admitiu a si mesmo que ele não sabia o que fazer ou

pensar. Ele não tinha a menor idéia do que estava acontecendo com ele.

Havia algumas semanas, diante de Run-Chi, ele defendera ardente e apaixonadamente os espíritos terrestres. Agora ele ardente e apaixonadamente os condenava para Eva.

Ele queria descobrir a verdade, mas continuava perguntando, repetidamente, onde exatamente estava a verdade.

Estariam os espíritos humanos tão presos por seu ego, orgulho e vaidade que eram incapazes de agir além de suas mesquinharias?

Estariam eles tão presos a si próprios que se manteriam revivendo e cometendo os mesmos erros e lições infinitamente?

Por que eles estavam encerrados em um ciclo interminável de violência, preconceito e ódio?

Por que a história se repetia constantemente como se nada tivesse sido aprendido?

Ou haveria um progresso lento, quase imperceptível, acontecendo naquela vibração? Estaria a Nova Era, uma era há muito prometida, perto de iniciar?

Qual era a verdade?

Desde o dia em que Phillip lhe revelara os acontecimentos de uma manhã de setembro que rapidamente se aproximava, Andy se perguntava incessantemente qual era a verdade.

Ele precisava saber. Ele voltou a Deus procurando ajuda.

"Se o Senhor me trouxe até aqui", orava Andy, "deixe-os me mostrar a verdade. E", no lugar do "amém" com que sempre finalizava suas preces, ele disse, "dê-me a sabedoria para vê-la quando eles me mostrarem."

Eva interrompeu seus pensamentos silenciando, ao menos temporariamente, suas dúvidas.

— Eu o trouxe aqui porque esta é a metade do caminho, longe da Terra e influenciado pelos dois lugares, o especial e o outro. Como Phillip disse quando você começou, "para entender um lugar você precisa entender o outro". E, para entender a Terra, você tem de conhecer os dois lugares. Os espíritos humanos carregam em si os dois lugares, em graus diversos.

Apesar de não ter entendido tudo que ela dissera, Andy acenou com a cabeça e pediu que continuasse. Ele estava ansioso para prosseguir em sua busca pela verdade.

— Andy — ela o acalmou, sabiamente —, acho que você logo vai descobrir a verdade que procura.

Ele ergueu as sobrancelhas em expectativa. Respirou fundo e repetiu silenciosamente sua oração.

— Lembra-se de quando Run-Chi explicou que você veria os fatos não em um livro de história, mas no plano espiritual? Chegou a hora — avisou Eva.

Imediatamente, na frente dele e à sua esquerda, um holofote invisível jogou seu feixe de luz branca em uma grande foto em preto-e-branco de Auschwitz, mostrando em detalhe a enormidade do campo: os infindáveis quilômetros de alojamentos e arames farpados, o trabalho escravo nas fábricas e as terríveis chaminés. Tudo parecia ainda mais impressionante graças à crueza real da foto em preto-e-branco.

Então, rapidamente, à sua direita, um novo feixe de luz mostrou uma outra foto. Esta era também em preto-e-branco, mas, no lugar de Auschwitz, a foto mostrava a nuvem em cogumelo em sua grandiosidade sobre Hiroshima. Como uma naja indiana, envolvia a paisagem de modo ameaçadoramente mortal.

Aquelas imagens da brutalidade e crueldade humanas se voltavam assustadoramente para Andy. Ele imaginava, enquanto olhava para elas, o que estaria reservado para ele.

— Concordo com você — admitiu Eva olhando para as fotos. — Suas clavas estão realmente maiores e mais letais.

Andrew recuou e seu coração se apertou. Ele confessou a ela que desejava estar errado. Indicando Auschwitz com a cabeça, Andy observou amargamente:

— Os nazistas eram tão organizados que arrancavam ouro das bocas de suas vítimas. — E, apontando para o outro lado da sala, onde estava a foto de Hiroshima: — Apertando um botão, os americanos vaporizaram uma cidade inteira em segundos, percebendo que esta era a maneira mais eficiente de acabar a guerra com o Japão. Onde está o progresso? Onde está a Nova Era?

Eva atravessou a sala e ficou em pé ao lado da foto do campo de concentração e disse, simplesmente:

— Vamos começar por aqui.

— É um bom lugar, como qualquer outro — respondeu Andy, triste.

Ela lhe perguntou se estava pronto. Ele deu a ela um fraco e tímido sinal de positivo.

Novamente, ela o lembrou que estavam em uma zona neutra e que tudo podia acontecer.

— Estarei por perto, mas são os espíritos que viveram esses eventos que vão contar a história.

Ela então o instruiu para se concentrar na primeira foto.

— Deixe-a falar, deixe-a conversar, deixe-a ganhar vida.

No quarto escuro e vazio, iluminado apenas pelos holofotes focando o sofrimento e a miséria humana, Andy limpou sua mente e lançou o olhar para a primeira foto.

O campo lentamente ganhou vida. O preto- e-branco imóvel cedeu lugar para fracos e obscuros tons de cor: o céu incolor e sem vida se tornou cinza-azulado e as barracas sombrias dos alojamentos ganharam uma coloração marrom e suja.

Os seres humanos, outrora imóveis, passaram a tropeçar pela lama negra e, à distância, as chaminés de tijolos sujos se coloriram de vermelho-escuro e branco, quando a fumaça esbranquiçada escapava delas.

Auschwitz estava viva. O monstro se movia.

As esperanças de Andy se esvaíam.

— Eu, minha esposa e meu filho morremos lá — disse uma voz sombria e suave. — Em todas as minhas vidas na Terra, nunca vi um sofrimento maior que naquele lugar horrível e amaldiçoado.

Andy estava empolgado: a história tinha mesmo ganhado vida. Ele deu as boas-vindas à voz invisível.

— Eu quero aprender — disse, emocionado.

— E eu quero ensinar — respondeu a voz. — E eu posso fazê-lo porque já não estou mais em Auschwitz. Segui em frente. — A voz fez uma pausa reflexiva e triste. — Muitos espíritos ainda se apegam à revolta, ao ódio e à vingança. Um dia, eles vão seguir em frente, também.

O espírito se chamava Jacob.

— Este era meu nome naquela época.

Andrew estava intrigado. Ali estava uma chance de aprender sobre o Holocausto com um espírito que realmente esteve espremido nos trens, amontoou-se com os outros na câmara de gás e cujo corpo foi queimado no inferno dos crematórios.

Do nada, outra voz ecoou pelo quarto. Esta era profunda, áspera e rouca.

— Estou aqui para ensinar, também — anunciou ameaçadoramente.

Andy estremeceu. A voz era-lhe familiar. Ele a ouviu antes, mas não conseguia lembrar onde.

— Você está certo — zombou o espírito. — Você sabe quem sou eu.

Andy sacudiu a cabeça lentamente. Ele ainda não se lembrava de onde ouvira aquele som pesado e gutural antes.

— O médico de jaleco branco — proclamou a voz. — Eu fazia as seleções; para a esquerda eles viviam, para a direita eles morriam. Exceto, no fim — riu a voz —, todos morriam. Meu nome não é Jacob — finalizou de modo escarnecedor. — É Josef.

O quarto já não estava vazio. Andy sentia vibrações diferentes e conflitantes serpenteando em volta dele e inexplicavelmente sentiu que subiam e desciam por todo o seu ser.

Nervoso, ele olhou para Eva.

Ela deu de ombros e bronqueou:

— Eu disse que esta era uma zona neutra, aberta para os dois lugares. Eu expliquei que a Terra é tocada pelos dois, e humanos, em graus diferentes, carregam os dois dentro de si.

Andy assentiu. Ele se lembrava do que ela dissera havia poucos instantes, mas agora ele ficaria espantado com o que ela tinha para dizer:

— Você foi tocado pelo lugar especial. Espíritos de lá inspiraram você. E você também foi tocado pelo outro lugar.

Como sempre, o Universo está lhe dando a chance de escolher. Você pode mergulhar nas dúvidas e ser dominado pelo medo. Ou você pode aprender com suas dúvidas e conquistar seus medos. Só você pode encontrar "os raios brilhantes do futuro". Eu posso mostrar o caminho, mas é só o que posso fazer.

— Mais um teste — pediu Andrew, frustrado e exasperado. — Quando isto vai acabar?

— Quando você encontrar sua própria verdade — respondeu uma outra voz. Era Run-Chi, e imediatamente Andy viu passar em frente a ele outra de suas muitas vidas.

Ele era um líder religioso muçulmano, ensinando a seus alunos sobre a Guerra Santa do Alcorão.

— Esta guerra não é contra ninguém nem nenhum país — ele se ouvia ensinando. — É uma batalha com nós mesmos, uma guerra entre o bem e o mal, a esperança e a dúvida. Todo homem deve vencê-la por si próprio.

A voz de Run-Chi suavemente explicou a Andy por que ele tinha sido tocado pelos dois lugares.

— Os dois existem. São partes da Criação. Se você vai confortar, você tem de saber o que estará confortando. Eu o separei de si mesmo, mas não posso separá-lo de seu mundo. Apenas você pode fazer isso. E nós devemos ter certeza de que você é o certo para a missão. Nós temos de saber se está pronto. E, meu amigo, você também.

Tudo entrou em foco. Andy entendeu por que ele defendera os espíritos terrestres e depois, sem saber por quê, os desprezou. Eram as inspirações plantadas pelos dois lugares lutando por sua atenção. Era a esperança contra o desespero; a confiança contra o medo.

Andy sabia que sua Guerra Santa estava para começar.

Seria uma das últimas paradas em sua jornada de dúvida e descobrimento. Logo, ele não teria mais dúvidas. Logo, ele descobriria. Mas, primeiro, ele tinha de aprender.

23

Dúvidas e medos

Todos nós temos nossas guerras pessoais. Nós todos lutamos com nossas dúvidas e medos.

Não há nada errado com isso. Uma das razões para estarmos nesta Terra é aprender, e nós podemos aprender com as dúvidas.

E o que pode ser mais satisfatório do que, depois de enfrentarmos nossos medos, descobrirmos que eles não eram tão negros e ameaçadores como nossas mentes os construíram?

Esta é uma das razões pela qual existem os dois lugares e por que todo espírito humano carrega, "em graus diferentes", um pouco de cada um dentro de si.

Duvidar pode ser saudável, pode abrir nossos olhos para o mundo ao nosso redor.

O medo pode ser saudável. Ele evita que coloquemos nós mesmos ou os que nos cercam em perigo.

Mas dúvida e medo podem também paralisar, congelando-nos no tempo. Essas duas emoções podem fazer desconfiar de qualquer nova idéia e temer a tomada de decisões ou escolhas. Dúvida e medo são provavelmente as duas mais poderosas emoções que trabalham contra nosso progresso e evolução.

Se nós temos medo de fazer uma escolha, é impossível evoluir. Se duvidamos de nós mesmos, facilmente deixamos nosso precioso poder de decisão passar para outro; outro com respostas fáceis e perigosas.

A maioria de vocês provavelmente notou que Andy, "o perfeito espírito humano", tem, desde o início deste livro, trabalhado em suas emoções: impaciência, ansiedade, dúvidas e medo.

Além de se preparar para ser um confortador para a Nova Era, Andy está se tornando um espírito da Nova Era, um espírito livre da dúvida e do medo. Andy está evoluindo. Ele está escolhendo.

No próximo capítulo, ele faz sua escolha final e aprende o que acontece quando nos deixamos levar pelo outro lugar.

Pense nessas palavras. Como eu tenho falado constantemente, não existe nada de mágico ou místico nelas. Tudo que você tem a fazer é trabalhar com elas. Não é tão difícil.

EU ABRAÇO MINHAS DÚVIDAS.
ELAS ME AJUDAM A APRENDER.

EU CONHEÇO MEUS MEDOS.
ELES ME PROTEGEM.

EU SOU ESPÍRITO.

MINHA MISSÃO É APRENDER.
MINHA MISSÃO É ESCOLHER.
MINHA MISSÃO É CRESCER E EVOLUIR.

DISSO, EU NÃO TENHO DÚVIDAS.
DISSO, EU NÃO TENHO MEDO.

EU SOU UNIDO AO CRIADOR
COMO TODO SER VIVO NESTE PLANETA.

24
Jacob e Josef

Andy permanecia na sala que já não estava mais vazia, onde as fotos iluminadas pelos holofotes, mostrando Auschwitz e Hiroshima, pairavam silenciosamente e espíritos invisíveis falavam.

A sala era uma arena e sua Guerra Santa particular estava para começar. Dúvida confrontava esperança, medo enfrentava confiança, e amor se colocava contra a raiva.

Mais um teste em seu caminho para se tornar um confortador tinha começado.

Dúzias de perguntas iam e vinham por sua mente, mas ele decidiu começar com uma pergunta simples e direta.

"Que comecem os jogos", brincou Andy nervosamente consigo mesmo, mas a pergunta que ele fez foi em voz alta:

— Por que isso aconteceu?

Josef riu, desprezando a pergunta. Jacob, depois de pensar um pouco, respondeu primeiro.

— Vou começar com as razões históricas, que são as tentativas do homem de explicar o irracional. A história diz que o Holocausto foi resultado do anti-semitismo, fanatismo e racismo.

Andy sabia que aquelas eram respostas usuais, costumeiras. Ele queria mais e esperava mais de Jacob. No entanto, antes que o espírito pudesse atender às expectativas de Andy, Josef se intrometeu.

— O que ele disse é verdade. Tínhamos de nos livrar dos judeus e limpar a Europa de seus mestiços e vira-latas. Não vá procurar por mais razões, porque não existem. Os judeus tomaram conta de nosso país; nós o retomamos. Simples assim — disse Josef, certo de que encerrava o assunto.

Andy decidiu ignorar Josef naquele momento. Ele não queria discussões, ele queria respostas além da lógica humana e olhou para Jacob, buscando por isso.

— Então — Jacob falou, também ignorando Josef —, estas são as razões que você procura. São quatro ao todo. Três são carma, carma e carma — recitou ele, contando a Andy que: — Espíritos são unidos uns aos outros pelo carma — e relembrando que: — Não existem vítimas inocentes. Para aqueles que entendem os ciclos do nascimento, morte e renascimento, um inocente em uma vida pode ter sido um agressor em outra.

Josef interrompeu a conversa para proclamar orgulhosamente:

— Mandamos mais de doze milhões desses inocentes para o forno. Dê-nos outra chance e faremos tudo de novo — riu ele.

Eva, fascinada com o diálogo, entrou na conversa. Ela disse que o fato de um espírito estar desencarnado não queria dizer que ele fosse mais sábio ou iluminado.

— A vibração de Josef é quase a mesma de quando ele desfilava em frente aos seus prisioneiros, escolhendo quem viveria e quem morreria. E é por isso que ele está aqui. Ele também é parte da verdade.

As palavras de Eva trouxeram de volta as imagens daquela madrugada gelada e escura em Auschwitz. Andy viu Josef, com seu jaleco branco de médico, vaporizando sua respiração no vento gelado, calmamente sinalizando seu polegar para a esquerda ou para a direita, sem nenhuma emoção no rosto.

Andy fez saber que havia compreendido. Ele sabia que Josef representava o outro lugar e estava ali porque, através de suas dúvidas, ele o havia atraído. Andy sabia que Josef era parte de sua guerra santa particular. Mas, naquele momento, ele queria aprender mais sobre as quatro razões.

— Chegaremos a cada uma delas — assegurou Jacob.

Andrew ouvia atentamente quando Jacob, que já havia sido um ator, aproveitou-se do momento para declarar dramaticamente:

— O Universo usa o carma para dar forma aos eventos.

— Hein? — foi a resposta de Andy.

Jacob pediu a Andy para ser paciente, dizendo que ele iria começar pelo início.

— A história tem explicações para tudo. Mas a história apenas pode repetir os fatos como os homens os vêem. Na melhor das hipóteses, pode ser no máximo um reflexo da realidade. Andrew, você sabe tão bem quanto eu que a realidade do homem vale o mesmo que uma moedinha de um centavo. Nós conhecemos uma realidade maior e mais profunda.

Josef não deixaria Jacob prosseguir sem desafiá-lo. Ele se intrometeu com sua realidade.

— A história é escrita pelos vencedores. Nós trouxemos ordem ao caos e disciplina à anarquia. Esta é a realidade!

Outra cena se iluminou na consciência de Andy. Ele se viu no outro lugar, sentindo a fria e pesada umidade envolvê-lo. Ele ouviu uma voz ríspida:

— Nosso caminho é o mais fácil. Nós tateamos em seu medo, seus instintos, sua ânsia pelo poder. Nós tiramos proveito de sua inveja. Nós damos a eles o que eles querem.

Cansadamente, Jacob suspirou, mas não se incomodou em responder a Josef.

— A realidade da história é cheia de explicações sobre o motivo de os trens carregarem inocentes para a morte.

Andrew estava paciente.

Ele sabia que, para chegar aos porquês por trás das razões, ele teria de olhar para a realidade humana.

— As verdades terrestres, que são apenas verdades parciais, mesmo assim são verdades — disse, concordando com Jacob e ansioso para ver aonde o espírito queria chegar.

— A história diz que a Alemanha era uma nação derrotada e humilhada depois da Primeira Guerra Mundial — relatou o espírito. — E a história está certa. Estava em ruínas. As pessoas, amargas e revoltadas, procuravam por respostas. E, quanto mais simples a resposta, melhor.

Jacob se deteve para ver se Andrew tinha alguma pergunta ou se Josef ia fazer mais um de seus comentários provocadores. Como viu que nem pergunta nem crítica viriam, continuou.

— Alguns vieram com as respostas simples e fáceis que os alemães queriam ouvir. Eles ofereceram alguém para levar a culpa por seus problemas: eles ofereceram traidores, comunistas e — Jacob sentenciou, encerrando — eles lhes deram os judeus.

Andy interrompeu:

— Você está falando sobre Hitler, não está?

Não foi Jacob quem respondeu. Foi Josef, declarando com rigor que Adolf Hitler fora o salvador da Alemanha e da raça ariana.

— O mundo agora está começando a entendê-lo. Ele era um visionário, um homem à frente de seu tempo.

Sem se intimidar pelas bravatas e petulância de seu oponente, Jacob respondeu à pergunta de Andy:

— Hitler e outros... — ele fazia pausas para um melhor efeito — ...vieram do mesmo lugar. Eles carregavam em seus espíritos o ódio que pregavam.

Andy ouvia com a máxima atenção e perguntou quem eram os outros.

— Não foi por acaso que Hitler e seus seguidores encarnaram na mesma época. Göring, Himmler, Heydrich, Goebbels, nosso amigo Josef e milhares de seguidores eram espíritos com afinidades. Eles compartilharam um carma grupal e nasceram na Alemanha durante aquele período e lugar porque eles eram atraídos uns aos outros e à vibração que se desenvolvia na Europa. E esta, meu amigo, é a razão número dois. Carma não é apenas para espíritos individuais, também existe para grupos de espíritos. No Holocausto, tanto agressores quanto vítimas trouxeram seu próprio e único carma grupal e individual para o jogo.

A sala reverberava com os sons de uma multidão selvagem

e delirante. Os brados de "Sieg Heil" ricocheteavam pelas paredes, enquanto massas reunidas aplaudiam e saudavam a voz de seu líder, que berrava a plenos pulmões.

— Ouça-os. Ouça Hitler — encorajava Jacob. — Hitler hipnotizou multidões porque falava na mesma faixa que eles. Ele tateava em sua vibração, literalmente alimentando seus medos, preconceitos e invejas.

Jacob deliberada e cuidadosamente escolheu suas próximas palavras. Ele precisava escolhê-las com precisão. Ele sabia por que Andrew estava ali e foi alertado de seu amor pela esfera terrestre. Jacob necessitava das palavras certas.

— O Holocausto aconteceu porque a Terra é nada mais nada menos do que uma escola. Não é um paraíso nem é um lar. A Terra não é o todo da Criação. Não romantize — disse ele, como se desse um tapa em Andrew — ou a transforme em algo que não é. A Terra é um mundo onde espíritos aprendem por meio da escolha e da atitude. E, por suas atitudes, os espíritos criam carma e o Universo usa esse carma para criar lições.

Antes que Andrew pudesse começar a pensar sobre as implicações contidas nas palavras de Jacob, um berro áspero brutal de Josef cruzou o ar.

— A Terra pertence a nós! — gritou.

Andy sentiu que o "nós" não incluía apenas Hitler e os nazistas.

— A Terra foi feita para ser comandada pelos fortes e determinados. Não é lugar para os fracos e tímidos. As riquezas e glórias da Terra pertencem a nós.

Imagens dos dois lugares apareceram lado a lado na mente de Andrew. Em um, espíritos tentavam mover suavemente as almas da Terra adiante. No outro, eles violentamente as empurravam e arrastavam na direção oposta.

Ele sabia que nesse instante o outro lugar o estava empurrando e arrastando.

Jacob interrompeu seus pensamentos para reforçar, mais uma vez, o que significava a Terra.

— Ela está lá para que os espíritos aprendam e evoluam, é

isso. Nós aprendemos com as conseqüências de nossas escolhas e ações. A Alemanha nos anos 1920, 1930 e 1940 ofereceu aos espíritos escolhas bem claras. As linhas entre o bem e o mal eram bem definidas porque o Universo permitiu que certos grupos de espíritos encarnassem lá. É assim que o Universo usa o carma para ensinar.

— Então o Holocausto estava predestinado — disparou Andy rapidamente, esperando que sua pergunta fosse ouvida antes que Josef pudesse dizer qualquer coisa.

— Sem sombra de dúvida. Era uma situação construída pelo carma humano — afirmou Jacob, ressalvando que as escolhas feitas pelos espíritos não são predestinadas: — O Holocausto aconteceu porque o homem criou as condições para que pudesse acontecer. O homem predestinou o Holocausto, mas aqueles que tomaram parte nele puderam escolher diferentes papéis no desenrolar dos fatos — acrescentou, esclarecendo, com uma idéia que resumia tudo: — Você está predestinado a um curso de matemática, mas, se vai estudar ou não, isso é com você. A escolha é sua.

Aproveitando a deixa, Josef se intrometeu:

— Eu tenho orgulho do que fiz. Nós tivemos coragem e visão. E acredite em mim: nós estamos prontos para fazer tudo de novo. — Josef vomitava as palavras uma por uma e profetizou, poderosamente: — Não pense que estamos aqui sem fazer nada. Estamos observando. E estamos envolvidos com nossa esfera terrestre.

Calafrios gelados percorreram Andy, quando Josef proclamou “nossa esfera terrestre”. Eram os mesmos tremores que ele sentiu quando visitou o outro lugar. Ele tinha consciência do que Josef e seu grupo eram capazes de fazer.

Jacob continuava tentando manter o foco de Andy nas razões do Holocausto. Ele estava certo de que poderia mostrar como o Universo usou aquele pesadelo para o desenvolvimento espiritual.

— A Europa era um continente dividido e conflitante mesmo antes da Primeira Guerra Mundial — continuou Jacob. —

Orgulho nacionalista, arrogância e rivalidades reinavam por lá. O anti-semitismo se tornou uma fúria assassina, os judeus eram vistos como parasitas estrangeiros mesmo nos países onde viveram durante séculos. Depois de perder a Primeira Guerra, a Alemanha era um país humilhado. Hitler manipulou essa vergonha para unificar a Alemanha ao redor de sua inveja e medo dos judeus. Ele, como outros tiranos, usou os medos e preconceitos das massas para controlá-las. Ele ofereceu salvação, mas exigiu total obediência.

— Os judeus tinham todo o dinheiro, eles tinham todo o poder. Nós o retomamos — gritava pelos cantos um cínico Josef. — Hitler nos devolveu nosso orgulho. Ele fez a Alemanha forte outra vez.

Andy sentiu que a conversa estava se desviando da trilha. Ele estava interessado em uma coisa e só uma coisa: onde estava o progresso, se é que havia algum?

Andrew tentou então levar a conversa de volta aonde queria chegar. Ele reforçou a questão do progresso.

— A Alemanha era um país civilizado e desenvolvido e se afundou na barbárie. O que deu errado? Onde estava seu progresso, sua civilização?

Para lamentação de Andy, foi Josef e não Jacob quem respondeu:

— As pessoas precisam de líderes fortes, que lhes digam o que fazer. Escolhas, livre-arbítrio? Bobagem! — bradou o nazista. — Olhe para a Terra e você verá que estou certo. As pessoas têm sede de respostas. Eles exigem "sins" e "nãos" diretos. Nós damos o que eles querem. Nós dizemos a eles o que pensar, como agir e em quem confiar.

Eva novamente aderiu à conversa, tentando responder à pergunta de Andy. Ela usou uma pequena parábola sobre uma nação e pessoas confusas para descrever a Alemanha.

— A casa deles desmoronou ao seu redor. Até que uma nova casa fosse construída, os problemas e a confusão reinavam. Os espíritos que ali viveram partiram, e outros menos desenvolvidos tomaram seu lugar.

Andrew ia dizer alguma coisa, mas Jacob o deteve. Ele queria deixar a pequena história de Eva ainda mais relevante.

— A Terra não é habitada por um grande grupo de espíritos. É um lugar de muitos e diferentes espíritos de centenas de diferentes níveis evolucionários.

Ele riu e decidiu comparar a Terra a um hotel lotado por uma convenção.

— Quando a convenção acaba, um grupo parte e outro chega, ocupando quartos que antes estavam com os primeiros.

Andrew assentiu. Ele sabia aonde Jacob queria chegar.

— A Terra é como aquele hotel — continuou Jacob. — Quando um grupo de espíritos evolui, ele parte para outro nível em um mundo diferente, mas sempre há um outro grupo pronto para tomar seu lugar. Na maior parte das vezes, o novo grupo não é tão avançado ou evoluído quanto o primeiro. Eu garanto a você que Hitler e sua turma não eram parte do primeiro grupo que deixou a cidade.

Eva e Jacob estavam afinados entre si e começaram a completar os pensamentos um do outro. Ela resumiu o que eles estavam explicando em duas pequenas frases:

— O homem mais civilizado já foi um selvagem e um canibal. O Universo permite que espíritos menos desenvolvidos vivam na Terra por várias razões.

Jacob seguiu a deixa de Eva e disse a razão a Andrew.

— Primeiro, uma encarnação terrestre é um passo essencial para a evolução dos espíritos. Eles — disse, novamente se referindo aos novos hóspedes do hotel — evoluíram de um mundo inferior e estão prontos para tomar seu lugar na Terra. Mas ainda há uma outra razão. Eles encarnaram na Terra para que espíritos mais desenvolvidos possam aprender. Espíritos inferiores apresentam desafios e obstáculos para os mais evoluídos. A Terra é uma escola. — Jacob mais uma vez batia nessa tecla. — E, para o aprendizado acontecer, é preciso haver um grupo misto de alunos.

Andy refletiu:

"Acho que esta é uma das razões de Jacob estar aqui."

Eva resumiu tudo:

— Agora você entende por que a história parece se repetir. Novos espíritos chegam e passam pelas mesmas lições que outros já tiveram. Os espíritos podem ser novos, mas as lições são as mesmas.

Ela ironizou, dizendo que a Terra era uma grande "porta giratória".

Até então, tudo fazia sentido para Andrew. Ele sorriu e Eva falou mais sobre o espíritos menos evoluídos na Terra.

— Eles procuram líderes. Eles são crianças quando alcançam o livre-arbítrio. É por isso que eles estão abertos a respostas simples e rendem alegremente sua vontade própria a alguém que pensam ser mais sábio ou mais forte.

Josef deu uma gargalhada de desprezo, interrompendo a explicação dela. O espírito disse sarcasticamente que concordava com Eva e Jacob.

— Nós controlamos seus medos. Você sabe que estou certo. Dê uma boa olhada na Terra, veja quantos homens e mulheres cegamente fazem o que lhes ordenam: faça sua oração, use estas roupas, odeie estas pessoas e deixe o resto conosco — cuspiu Josef. — Tolos! Eles deixam mais fácil para a gente.

O ex-nazista insistiu que Andrew desse uma boa olhada na Terra e provocativamente propôs lhe dar uma perspectiva especial que iria "abrir seus olhos".

Sem dúvida ou hesitação, Andrew aceitou sua oferta.

"Estou aqui para aprender", justificou a si mesmo.

Instantaneamente, fotografias começaram a surgir à sua frente.

Click: fotos de garotinhos, bombas amarradas aos corpos, explodindo a si mesmos e outros em nome de uma eternidade prometida no paraíso.

Click: pregadores, vestidos em ternos de mil dólares, ditando o certo e o errado para crentes gritando "Aleluia". Ninguém na multidão liga ou se incomoda em perguntar por que aquele homem ou mulher pode lhe dizer o que fazer.

Click: líderes religiosos com túnicas e turbantes incitam seus seguidores ajoelhados a novas guerras santas a serem lutadas com ódio, revolta e desespero.

Click: políticos bem vestidos e carismáticos, valorizando o orgulho nacionalista, dizem a seus compatriotas que a guerra e o sacrifício em nome da honra são justificáveis.

Click: pastores discutem qual Jesus é melhor, qual Deus é mais forte, qual salvação é a certa e quem sabe interpretar a Bíblia.

Click, click, click... As incontáveis fotos pipocavam pela consciência de Andrew, cada uma com um retrato do preconceito, mostrando homens alimentando os medos de outros homens. Respostas fáceis. "Sins" diretos. "Nãos" diretos. Tudo simples, tudo claro, tudo fácil.

Quando o desfile de fotos acabou, um Andrew perturbado e desencorajado deixou sua cabeça cair, desistindo.

— Ele mostrou tudo que tenho falado — lamentou profundamente para Eva. — Ele mostrou o que eu estava explicando a você depois que visitamos Hiroshima. Josef está certo: na Terra é muito mais fácil dividir do que unir, porque na verdade não existe nenhum progresso espiritual.

E, mais uma vez, mas agora com uma voz trêmula e fraca, Andy implorou para Eva e Jacob:

— Onde está o progresso?

Josef assistia, satisfeito com o desespero de Andy. Ele deixou escapar uma risada alegre e cínica.

Jacob estava mudo. Ele não sabia o que dizer e temia que estivessem perdendo Andy.

Eva não estava preocupada. Ela sabia que Andrew era o espírito certo para aquela missão, mas precisava dominar suas dúvidas para prosseguir. Ela arriscou uma tentativa de, mais uma vez, explicar a lógica e ordem da Criação.

— Tente entender o progresso não no passo-a-passo comum na Terra, mas especialmente na visão lenta e sutil da Criação — apelou.

Andrew perdeu sua paciência e disse a Eva que, mais uma vez, ela não respondera à sua pergunta. Ele estava totalmente perdido e a assustadora gargalhada de Josef ecoava em sua consciência.

— Ela não respondeu à sua pergunta — declarou Josef, triunfante — porque ela não pode. Você é que está certo. Não há progresso.

— Onde está o progresso? — insistia Andy, esperando com todas as forças que alguém lhe mostrasse.

Uma imperturbável Eva respondeu calma e deliberadamente:

— Quando o mundo descobriu a verdade sobre o Holocausto, foi chocante e ultrajante. Um novo código de moral para as nações foi estabelecido. O Universo usou os espíritos menos evoluídos para mostrar as conseqüências do ódio, do medo e da violência.

A voz áspera desafiou-a.

Além de Jacob e Eva, Josef também estava brigando pela atenção e preferência de Andy. Seu lugar queria a Terra para eles e sabia, como sabia o lugar especial, que Andy seria um mensageiro perfeito para a Nova Era.

— Peça a ela para explicar a Bósnia. Aconteceu depois que a "nova conduta moral" foi estabelecida. Peça a eles para explicar a África, onde milhões simplesmente morrem de fome em uma guerra civil.

Josef continuava, deixando escorrer sarcasmo e satisfação de sua voz. Ele falava rapidamente, sem dar a seus rivais qualquer espaço. O espírito invisível falava direta e forçadamente para Andy, lutando para alistá-lo em um posto no outro lugar.

— Será que você não vê que está certo, Andy? Não há progresso! Os espíritos terrestres são violentos. Eles não sabem pensar por si mesmos, eles querem líderes fortes para pensar por eles. Una-se a nós, Andy. O mundo pode ser nosso.

Andy virou-se para Eva, dando a ela um sorriso débil. Ele queria desesperadamente que ela dissesse alguma coisa, qualquer coisa. Ele precisava ver que os homens tinham mesmo deixado as sombras da Idade da Pedra e estavam prestes a entrar na Nova Era.

Ele esperava ansiosamente por respostas.

Eva permanecia calma. Nem a beligerância de Josef nem a ansiedade de Andy a afetaram. Ela era um espírito iluminado e sabia que Andy precisava chegar a suas próprias conclusões. Ela não podia lhe dar "respostas fáceis", porque não havia nenhuma. A única resposta que ela podia lhe dar era a verdade, e ela era tão difícil de entender quanto era sutil para se ver.

— Espíritos menos evoluídos, como Josef — disse ela rispidamente e de propósito — encarnam entre os espíritos evoluídos para aprender. Algumas vezes, é o contrário: são os evoluídos que aprendem com os iguais a Josef. É por isso, Andrew, que a Terra é tão cheia de contradições.

Josef, como Eva, estava confiante e determinado. Ele queria levar Andy para seu lado e não recuava um só centímetro na batalha por sua preferência.

— Nós ensinamos com o cano de um revólver e com o golpe de um soco inglês — relinchava ele. — Isso é bobagem, Andrew. Você é esperto demais para eles. Junte-se a nós.

Andrew não respondeu. Se ele estivesse encarnado em um corpo físico, poderia se dizer que parecia que tinha levado um chute no estômago. Ele estava cansado. Ele estava confuso. Mas Eva continuava a falar com ele em sua voz suave e compreensiva.

— A Terra é uma porta giratória: espíritos saem, novos chegam. Os espíritos mudam, mas as lições são as mesmas. Aqueles que aprenderam com a brutalidade, horror e selvageria do tempo de Josef progrediram ou talvez reencarnaram para compartilhar o que aprenderam. Isso — declarou audaciosamente para Andrew e Josef — é progresso.

Jacob entrou na conversa, não querendo dar a Josef qualquer chance de se intrometer.

— O Universo é perfeito. Ele é equilibrado pelo carma, que é a ferramenta usada para envolver os espíritos em seu próprio progresso.

— E pelo carma nós estamos envolvidos uns com os outros; os evoluídos e os menos evoluídos — interpelou Eva. — É uma via de mão dupla.

— Até o Holocausto — seguiu Jacob —, o mundo não havia visto assassinato, tortura e aniquilação em escala tão organizada. Era uma linha de montagem genocida.

Andy replicou:

— É isso que eu quis dizer quando falei que as clavas ficaram maiores e mais letais. Onde está o progresso?

Ele estava cansado de se ouvir repetindo a mesma pergunta o tempo todo, mas se comprometera a fazê-lo até que obtivesse uma resposta sensata.

Eva, esperando mostrar a Andy que o desenvolvimento espiritual não acontecia organizadamente em fases um, dois e três, recitou uma de suas lições que ela usava quando lecionava evolução espiritual.

— Quando um povo não evolui rápido o bastante, Deus também prepara para isso, de tempos em tempos, um choque físico ou moral que apresse sua transformação.

— O Universo usa o carma para dar forma aos choques — disse Jacob, voltando ao seu tema favorito.

Eva retornou à sua lição:

— Espíritos imperfeitos são usados pela Providência como instrumentos para testar a fé e bondade humanas. Todos os espíritos são feitos para passar pelos testes do mal para atingir a perfeição. Se você é inclinado a cometer assassinato, você terá ao seu redor uma multidão de espíritos que vão manter essa inclinação viva. Mas você também terá outros que vão tentar influenciá-lo para o bem. A escolha é sempre sua.

A consciência de Andy voltou a Auschwitz, onde ele viu Josef encarnado rodeado por vibrações escuras e cinzentas. E, mais que isso, ele sentiu as vibrações conflitantes zunindo dentro dele.

Jacob disse que Andy tinha dificuldade de entender por causa do jeito que ele olhava para a esfera terrestre.

— Você vê a Terra como um lar, você entende grandes tragédias como o Holocausto em termos terrestres. A dor e o sofrimento causados, apesar de reais, ofuscam o que é apenas uma simples lição na escola da Terra.

Andy sabia o que Jacob estava dizendo. Ele começava lentamente a ver a Terra com outros olhos. Mas, para chamar o assassinato em massa de mais de doze milhões de pessoas "uma simples lição na escola da Terra", ainda era demais para ele. E foi o que ele disse a Jacob.

— Veja por este lado — apressou-se Jacob. — A Terra não é o lar permanente dos espíritos, é um internato. Durante o Holocausto, muitos espíritos encarnaram juntos para trabalhar tanto no carma individual quanto no carma em grupo. Na verdade, entre os milhões mortos, muitos eram voluntários.

— Tolos, malditos tolos — Josef finalmente se intrometeu. — Eu avisei a você para não ouvir esses tagarelas. Nós fomos o passado da Terra, somos seu presente e seremos seu futuro. Nada mudou. Eu mesmo mostrei a você. A história se repete porque eles não querem aprender. Venha, junte-se a nós.

Jacob até aquele momento havia ignorado Josef. Mas nesse instante ele falou diretamente para seu antigo torturador e disse, em termos nada indecisos, que ele estava errado:

— A história se repete *porque os espíritos querem aprender*. Um dia você vai sentir que é hora de deixar seus medos e ódios para trás. Algo vai despertar, bem lá no fundo de seu ser, o desejo de ser parte de algo maior que você mesmo.

De novo, Andy ignorou Josef e se concentrou em Jacob. Havia algo que ele tinha dito antes que prendera a atenção de Andy. Ele perguntou se estava sendo chamado para ser um voluntário para uma missão de confortar da mesma forma que aqueles espíritos foram chamados para ser voluntários durante o Holocausto.

Jacob deixou Eva responder. Ela, afinal, era quem estava preparando Andrew para sua missão.

— Toda e qualquer encarnação tem uma razão. Nenhuma vida é insignificante ou sem sentido. Muitos espíritos, ao longo da história da Terra, viveram e morreram para dar aos homens uma escolha entre o bem e o mal.

Ela fez uma pausa e então respondeu diretamente à pergunta de Andy.

— Você irá encarnar para levar uma mensagem de esperança, dizendo aos espíritos terrestres que eles estão se aproximando não do final dos tempos, mas sim de um novo tempo. Você viverá em uma época de turbulência e revolta. Dúvidas e medos vão se espalhar pela vibração, dúvidas e medos vão viver nos corações dos homens. Você será chamado a ajudá-los a escolher entre o medo e a dúvida e a confiança e a esperança, da mesma forma que você, agora, está fazendo essas mesmas escolhas.

Depois de dizer isso, ela estava pronta, como um advogado, para apresentar sua argumentação final e, eloqüente e objetivamente, encerrar seu caso.

— Nós mostramos a você por que a história se repete. Novos espíritos terrestres estão aprendendo as mesmas lições em novas situações. Nós mostramos a você que espíritos menos evoluídos são autorizados a encarnar porque a Terra é nada mais do que uma escola onde aprendemos uns com os outros.

Jacob entrou no assunto:

— Nossas vidas são mesmo vias de mão dupla. Nós estamos mais unidos uns aos outros do que imaginamos.

— E — Eva lembrou a Andy — a Terra não é o mais avançado dos mundos por aí. Tudo pode acontecer lá.

Jacob pegou a deixa e anunciou finalmente que haviam alcançado a quarta razão.

— Isso se chama progresso.

"Finalmente!", pensou Andy, começando a ter esperanças novamente.

Jacob contou sua própria e pessoal história para ajudar a explicar seu ponto de vista.

— O Universo usou o carma de Hitler, o carma de Josef e o carma de milhões para provocar um trauma moral. É para isso que a Terra está lá. Eu usei o Holocausto para pôr meu próprio carma pessoal em ordem. Em uma vida passada eu fiz parte da Inquisição Espanhola, torturando judeus para convertê-los ao cristianismo. Eu decidi voltar como um judeu para sentir o chicote que eu usei em outra vida.

Eva suavemente lembrou a Andy que não existiam vítimas inocentes.

— Cada espírito tem seu próprio carma individual, mas nós estamos unidos uns aos outros pelo carma criado entre nós. É o carma grupal.

Andrew continuou insistindo, de novo perguntando quase numa súplica: "Onde está o progresso?"

Josef ainda não havia terminado. Ele esteve calado, assistindo e ouvindo enquanto Jacob e Eva construíam sua argumentação, e agora ele faria seu último apelo a Andy.

— Deixe-os e venha comigo. Nunca existiu progresso, e nunca existirá. Esses dois e os outros como eles são hipócritas. A Terra não tem moral. Você sabe que nada muda lá. Junte-se a nós e estará se juntando ao futuro.

Andrew teve de admitir, irritado, que Josef tinha um bom argumento.

— Eu concordo. Pessoas ainda são perseguidas por causa de sua raça. Pessoas ainda guerreiam por suas religiões. O que mudou?

Um afável e sábio Jacob sussurrou, como se quisesse que só Andrew ouvisse:

— Você já foi um selvagem. Agora, você é um espírito que questiona e procura por respostas. Isso não é progresso?

Andy fez uma pausa, e, enquanto pensava sobre o que Eva disse, ela teve um momento de inspiração. Era agora ou nunca, ela pensou. Ela pediu a Andrew que prestasse muita atenção à sua próxima pergunta.

— Mas não é para você. É para Jacob.

Andrew ficou intrigado e, juntamente com Jacob, esperou pelo que Eva iria perguntar.

Eva perguntou a Jacob se ele havia perdoado Josef. Ela perguntou se ele perdoara a polícia que o arrancou de seu lar, os guardas que o separaram de sua esposa e os homens que o mataram e que mataram sua esposa e seu filho.

Sem um só instante de dúvida, Jacob respondeu com certeza, clareza e tom firme:

— Claro que perdoei. Como poderia eu prosseguir se não o fizesse? Como poderia eu perdoar a mim mesmo as faltas cometidas em minhas vidas? Como poderia eu entender o que nós todos significamos?

Eva, olhando direto nos olhos de Andrew, declarou:

— Isso, Andrew, é progresso. E é o único tipo que importa.

Eles ouviram um grunhido desaprovador e desgostoso de Josef. Era tudo que ele podia fazer.

Andrew assentiu e sussurrou um simples "obrigado".

O pôster vivo de Auschwitz novamente se congelou em um instantâneo em preto-e-branco. O holofote se apagou e a sala estava novamente vazia e escura, exceto pelo feixe de luz brilhando sobre Hiroshima. Aquela luz levaria Andrew ao final de sua jornada, e agora já não haveria mais dúvidas, mas apenas descobrimento.

25

Yoriko e Robert

Tudo estava como antes: a sala continuava vazia, silenciosa e sombria.

Tudo estava como antes de Jacob e Josef entrarem na vibração.

Tudo estava como antes: a luz intensa e forte ainda focada na foto em preto-e-branco do sinistro cogumelo de fumaça sobre Hiroshima.

Tudo estava como antes, exceto Andy. Ele estava diferente. Ele estava calmo. Ele estava pensativo. Ele estava reflexivo. A guerra santa havia acabado.

Ele pensou no hotel de Jacob e compreendeu por que o progresso no plano terrestre não era tão óbvio e contínuo como ele gostaria que fosse.

Ele viu a porta giratória de Eva e pela primeira vez viu a Terra como um campo de provas, nada mais e nada menos. Os espíritos entrando e saindo pela porta podem ser diferentes, mas as lições continuam as mesmas.

Andy entendeu, mas ainda tinha suas dúvidas.

Eva estava em pé do outro lado da sala escura, perto da foto de Hiroshima. Andrew sentiu que o que quer que fosse acontecer já estava para começar, mas antes disso ele queria falar com ela. Andy sabia que, uma vez que as vozes começassem, ele não teria chance. Então, sem desperdiçar nem um segundo, ele foi direto ao assunto.

— Está bem — admitiu ele —, espíritos progridem. Mas isso não significa que a Terra progride. Você mesma admitiu que quase nada mudou, exceto que as clavas estão maiores e mais letais. Como pode a Nova Era se aproximar quando a Terra ainda está presa à era antiga?

Eva suspirou: ele ainda não entendia. E se ele não entendia era porque não estava pronto. Ela iria guiá-lo persistentemente, empurrá-lo e conduzi-lo até que estivesse preparado.

Decidida a lhe dar uma pista, a guia o avisou:

— Esqueça os espíritos terrestres. Ignore o que eles fazem ou deixam de fazer.

Suas palavras eram um balde de água fria, forçando Andy a repensar tudo aquilo em que ele acreditava.

No entanto, naquele momento não haveria tempo para rever suas crenças, porque uma voz o chamava no lado esquerdo da sala.

Era uma voz tímida, hesitante e masculina. A voz tinha um forte sotaque americano.

— Onde estou? O que estou fazendo aqui? Que lugar é este? — implorava a voz tristonha e desanimada.

Levando um dedo aos seus lábios, Eva pediu a Andy que ficasse quieto.

Havia mais por vir.

Os segundos se passavam silenciosamente.

E bastante segura, do outro lado da sala, uma outra voz se fez ouvir. Diferente da primeira, esta era forte, determinada e feminina. Era japonesa. Nela não havia resmungo ou choro. Era uma voz cheia de amargura e raiva.

— Meu nome é Yoriko. Bem-vindos a Hiroshima — anunciou a voz sarcasticamente. — Dêem uma olhada à sua volta: há muito para se ver. São centenas de incêndios. Nós temos toneladas de destroços e sujeira. Vejam a pele se desprender de nossos corpos ou assista aos olhos saltarem das órbitas. Esta cidade é o meu lar. — E, com um risinho amargo, acrescentou: — Meus filhos estão queimados e enterrados em algum lugar por aqui.

Andy sacudiu a cabeça, confuso. Eles não estavam em Hiroshima, pelo menos até onde ele sabia. Eva, mais uma vez, dedos pressionados sobre os lábios, orientava-o a não falar.

De novo, a voz americana pedia para saber onde estava:

— Alguém me ajude — implorava.

Do outro lado da sala, a mulher continuava sua narração. Andy não sabia dizer se ela estava ignorando ou não podia ouvir a outra voz.

— Aqueles americanos fizeram o sol explodir. Minha casa, meus filhos, tudo se foi. Vizinhos e amigos se foram. Era tão quente que os rios ferveram e os vidros derreteram. Eu não sei como ainda estou viva.

Não era muito difícil para Andy perceber o que estava acontecendo. Ele sorriu e fixou os olhos em Eva. Ela fez que sim com a cabeça.

— Yoriko pensa que ainda está em Hiroshima — sussurrou Andy.

— E o homem está perdido. Ele está assim já há algum tempo — informou Eva.

— Eles podem nos ouvir?

— Eles foram atraídos para cá. Então, imagina-se que possam sentir nossa presença.

Silenciosamente, Andy não pôde deixar de rir daquela ironia. Ele estava procurando respostas e dois espíritos perdidos apareceram.

"Mais ou menos como um cego guiando o outro", refletiu. "Como podem dois espíritos perdidos me ajudar a achar a saída para minhas dúvidas se eles não podem achar a saída para eles mesmos?"

Eva sabia que Andy estava confuso. Ela não podia culpá-lo. Aqueles espíritos não estavam ali para lhe dar respostas, mas ela não ia contar isso a ele. Ele iria, e ela sabia, descobrir isso sozinho. As únicas palavras que ela lhe disse foi para que seguisse seus instintos:

— Foi você quem escolheu Hiroshima. Siga seus palpites.

"Ela quer que eu me vire sozinho", pensou ele, aborrecido.

Mas, pensando melhor, a experiência lhe dizia que os guias não fazem nada sem um propósito, então ele concluiu que ela estava deixando que ele tomasse o controle da situação. Andy decidiu conversar com os dois "espíritos perdidos", invisíveis, que vieram visitá-lo na sala vazia e neutra.

— Oi, Yoriko, meu nome é Andrew — começou Andy, na falta de algo melhor para dizer.

A mulher riu com amargura.

— Um ocidental... Ainda não fez o bastante? O que quer aqui em Hiroshima? Veio nos ver sofrer? Está aqui para tripudiar?

Andy olhou para Eva em busca de ajuda. Ela não lhe deu nada senão um sorriso encorajador. Ele estava por sua conta e isso lhe fez pensar que, se ia encarnar como um confortador, ele estaria mesmo por sua própria conta. Eva assentiu, confirmando seus pensamentos.

"Talvez", disse ele a si mesmo, "haja muito que aprender aqui. Talvez haja muito que ensinar aos outros."

A única certeza que ele tinha era a de que os dois espíritos estavam ali e por alguma razão foram atraídos para ele.

Voltando-se para Yoriko, ele a informou que não estava ali para tripudiar.

— Por que eu iria querer vê-la sofrer? Estou aqui para ouvir o que tem a dizer.

Ele estava sendo totalmente honesto com ela. Ele pensou que estava ali, afinal de contas, para ouvir a história dela.

— E — deixou claro — quero falar com todos, inclusive o espírito que nem sequer sabe onde está.

Yoriko respondeu com raiva:

— Eu sei onde estou! Estou no inferno que ele criou!

A voz masculina imediatamente choramingou:

— Eu não sabia que aquilo ia acontecer. Eu era parte de um projeto, era a guerra. Eu nem imaginava que eles iam usá-la.

Finalmente, Andy estava certo de que os dois espíritos sentiam a presença um do outro e, pelo modo como a conversa fluía, conheciam-se um ao outro. Ele perguntou à voz de homem qual era seu nome.

O espírito respondeu "Robert".

Andy queria saber de onde ele era.

"Chicago", veio a resposta, e o espírito ainda disse voluntariamente:

— Eu ensinava física na Universidade de Chicago e — acrescentou com certo cuidado — trabalhei no projeto da bomba atômica.

Andy olhou para Eva. Aquilo estava ficando interessante.

Como ocorreu com Jacob e Josef, ele estava falando com uma vítima e um agressor. Mas, diferentemente de Jacob e Josef, a vítima era amarga e revoltada e o agressor, arrependido e humilde.

Andy tentou adivinhar qual espírito pertencia a qual lugar. Depois, ele ficou imaginando se isso importava.

Robert, em um lamento quase inaudível, declarou:

— Eu quero perdão.

Andrew percebeu que o espírito não estava falando com ele, mas certamente conversando com Yoriko.

— E eu quero vingança — retrucou a mãe japonesa. — Vá procurar um de seus padres se quiser perdão.

Andrew estava fascinando com tudo aquilo. O que eles estavam fazendo ali? Por que ele estava no meio daquilo? Será que era para ele ser um juiz?

"Quem é você para julgar?", uma voz interior provocou. Andy corrigiu a si mesmo: "O que um confortador faria?", ele perguntou. Mas naquele momento ele não fez nada a não ser ouvir Robert falar com Yoriko.

— Implorei por perdão. Pedi a Jesus que me perdoe, roguei para todos os santos da Igreja. Apelei para Maria interceder. Mas não me senti melhor. Sou assombrado pelos filmes, pelos corpos queimados, as crianças com os cabelos caindo, os lares destruídos e as vidas envenenadas.

Yoriko abafou o riso, dizendo que era necessário mais do que um deus ocidental e seu filho para perdoá-lo.

— Nós queremos vingança, nós queremos que você sinta a dor que causou.

"O que um confortador faria?", perguntou Andy novamente a si mesmo. "Fale a verdade", ele se respondeu. E foi exatamente o que fez.

— Ela está certa, você sabe — Andy se dirigia a Robert. — Você pode rezar o quanto quiser, mas vai precisar de muito mais do que isso.

Uma risada arrogante e satisfeita veio do lado da sala onde estava Yoriko. Andy a alertou:

— E vingança não vai levá-la a lugar nenhum. Só vai ligar você à violência e revolta geradas pela bomba.

— Eu vi fotos do que nossa bomba fez. Eu visitei a cidade. Eu segui Yoriko, querendo falar com ela, esperando fazê-la entender — confessou Robert.

— Entender o quê? Vocês americanos mataram meu marido, meus filhos e meus amigos. Vocês destruíram nossas casas com sua explosão — disparou a mulher, mandando em seguida que Robert fosse para o inferno.

Andrew sentiu que tinha de lidar primeiro com Yoriko, mas suas palavras tinham significado para ambos.

— Yoriko, você é de um país que acredita que não há morte. Vocês sabem que a vida continua, não importa o que aconteça. Você não vê que já passou para uma outra vida? Você não está em Hiroshima. Aquela vida acabou. Você começou uma nova.

Do nada, um resmungo raivoso alertou:

— Deixe-a em paz. Ela já sofreu bastante. Ela sabe o que quer — ordenou a voz áspera.

Eva ergueu as sobrancelhas. Era mais do que ela havia encomendado. Nem Yoriko nem Robert pertenciam a qualquer dos lugares especiais, e ela sentiu que logo haveria uma disputa por Yoriko.

Andrew manteve sua calma e falou com firmeza para a mulher japonesa.

— Você sabe que na vida na Terra há um tempo para aprender e um tempo para crescer. Quando esse período passa, nós levamos o que aprendemos e deixamos o resto para trás. Agora é hora de ir em frente. Pegue o que você aprendeu e deixe para trás a revolta e a fúria. Esses sentimentos pertencem à Terra, não a você. Você é um espírito. Você vive para sempre; revolta e fúria morrem com o tempo.

A voz rude cacarejou:

— Não vai adiantar. Ela nos pertence.

— Ela não pertence a ninguém senão a si mesma. Dê a ela uma chance de escolher — desafiou Andrew, enfrentando a voz rude.

— Sua dor é grande; sua perda, profunda. Ela quer vingança e nós vamos mostrar a ela como conseguir. Nós sabemos o que a Terra significa, também. Nós sabemos sobre carma, nós sabemos como o Universo o usa. Nós sabemos do carma que os americanos criaram com o lançamento daquela bomba e sabemos como usá-lo, também. Nós sabemos tudo que você sabe — desafiou a voz rude.

— Yoriko — chamou Robert, gritando para a mulher —, não entendo o que esses dois estão falando. Eu só quero falar com você, só quero dizer quanto eu lamento. Por favor, perdoe-me.

Impassível, ela disse com veemência que suas desculpas não iam trazer seus filhos de volta.

— Por que você teve de matá-los? Eles não tinham nada a ver com a guerra.

Aquela era a chance que Andy estava esperando, e ele a agarrou, garantindo a Yoriko que seus dois garotos estavam vivos, assim como seu marido, amigos e parentes.

— Se ao menos você se livrasse dessa raiva, você os veria. Se você remover o ódio de seus olhos, você verá que existe um novo mundo ao seu redor.

Suas palavras não tiveram nenhum efeito. Ao invés de acalmarem a mulher, fizeram com que ela gritasse, passionalmente:

— Sim, eu odeio. O ódio me alimenta, me impulsiona. Eu terei minha vingança. Esse filho da mãe vai sentir a perda de uma criança inocente, ele também vai sentir a dor de uma morte desnecessária.

Uma gargalhada satisfeita da voz rude.

Silêncio de Robert.

Eva deu de ombros.

Andy pediu ajuda ao lugar especial.

— Aqui há um espírito que é do outro lugar. Onde é que vocês se meteram? — implorou.

Uma voz familiar respondeu. Era Run-Chi.

— *Você* é o nosso representante, Andrew. Você está aí por nós.

As palavras do Mestre espalharam um calor por todo o ser de Andy, dando a ele confiança e inspiração para seguir em frente. Ele sabia que podia enfrentar a voz rude de igual para igual e estava pronto para a batalha por Yoriko e Robert.

Novamente, ele tentou uma ligação com a amarga e sofrida mãe.

— Você pode odiar. Você pode se revoltar. Use essas emoções para vencer a raiva, o ódio e a desconfiança que começaram essa guerra. Perdoe Robert. Ele terá seu próprio caminho a percorrer. Perdoe Robert e você vai se libertar de um ciclo de vingança e ódio. Se você se esvaziar do veneno que a está devorando, você abrirá espaço para o aprendizado e o crescimento. Você sabe que é imortal. Você quer viver em ódio, revolta e ressentimento para sempre? Deixe isso para lá. A escolha é sua e — esbravejou severamente com a voz rude — apenas sua.

A mulher ouviu tudo que Andy tinha para falar, mas ela não se deixava influenciar.

— Eu devo isso a meus filhos. Não posso perdoar seus assassinos. Eles morreram na minha frente.

— Ela deve isso a seus filhos mortos — repetiu a voz rude. — Quem é você para dizer a ela para perdoar?

Andy buscou a resposta certa e pensou que a tinha:

— Se eles morreram na sua frente, você deve estar morta, também. Vamos nos juntar a eles. Desista de seu ódio e você poderá.

— Bobagem. Eles se foram, Yoriko está aqui. Nós vamos mostrar a verdade a ela, nós vamos mostrar a ela o caminho. Nós sabemos exatamente o que ela pode fazer para empatar o jogo.

O aspirante a confortador não desistiu. Andy implorava à mãe amargurada que desse as costas às tentadoras visões de vingança oferecidas pelo "outro lugar".

— Aquelas são respostas fáceis. Não dê ouvidos ao ódio. Agora pode parecer que é o caminho da justiça. É uma mentira. O caminho dele é o caminho mais longo. Algum dia, você verá que o perdão e a compaixão são passos na estrada para a luz e você vai querer viajar nessa estrada. Mas — advertiu Andy —, se você não seguir esses passos agora, você terá mais ódio e revolta para perder, e esses passos vão se tornar maiores e mais difíceis de seguir. Siga esses passos agora. Esqueça o ódio. Esqueça a revolta. Dê o primeiro passo.

Apesar de seus apelos, avisos e agrados, Andy sentiu que a mulher, naquele momento, estava perdida. E, quando ela falou, ele obteve a certeza.

— Eu os odeio por causa do que fizeram. Eu os odeio porque eles nos odeiam. Por que eu deveria perdoar quando eles não demonstraram nenhuma misericórdia? Por que eu deveria compreender quando eles não nos demonstraram nenhuma compreensão? — falou Yoriko, com uma convicção que Andy sabia que não conseguiria abalar.

Um círculo de fogo vermelho apareceu. Uma chama alaranjada e quente corria pelo arco. Era o círculo do ódio, revolta e medo. A chama vermelha queimava ao redor do círculo, sem ir para lugar algum a não ser ao encontro de si mesma.

Andy viu que não havia nada que pudesse fazer. O círculo se alimentava e Yoriko se tornava parte do interminável ciclo de revolta.

— A escolha é sua, sempre foi e sempre será — foram suas palavras finais para ela.

Essas palavras se chocaram com uma frase curta e grossa:

— Não tenho tempo para você.

Ela se foi. Sua presença não era mais sentida na sala. Havia sido levada pelo círculo vermelho de fogo.

Um Andrew decepcionado sabia que havia perdido Yoriko ao lugar onde as vozes rudes viviam.

Eva sorriu para Andy.

— Pode parecer cruel, mas você não pode ganhar todas. Não espere por isso. Mas houve progresso — garantiu Eva.

Andy não podia acreditar no que ela dissera.

— Progresso! — ridicularizou Andrew. — Aquela mulher não podia abandonar seu ódio. Ela não podia se livrar de sua revolta. Como você pode dizer que houve progresso?

— Uma escolha foi feita. Sem dúvida, não foi a que você queria, mas uma escolha foi feita. Yoriko já não está apegada a Hiroshima. Ela foi em frente. Não na direção que você esperava, mas ela foi em frente. Cada espírito escolhe seu próprio caminho. Tudo que você pode fazer é apontar.

Ela então chamou a atenção dele para o fato de que Robert ainda estava ali.

— Ele também precisa de sua ajuda — bronqueou.

Andrew respirou fundo. Ele estava começando a perceber como seria difícil sua missão de confortador, especialmente porque, uma vez encarnado, ele nem sequer iria saber que era um confortador.

Ele agora se concentrava em Robert, avisando-lhe que ele não tinha de seguir Yoriko em busca de seu perdão.

— A única coisa que ela teria feito ao perdoar você seria ajudar a si mesma. Ela não pôde ver isso, mas você pode entender isto: você tem de consertar o que você fez. Você tem de examinar suas intenções. Era uma pesquisa, você estava ajudando a defender seu país, você estava seguindo ordens cegamente, ou você estava com ódio dos japoneses por eles terem começado a guerra? Só você sabe essas respostas.

Robert não respondeu. Ele apenas ouvia.

— Então, meu amigo — disse Andrew —, uma vez que você tenha suas intenções definidas, você terá de descobrir o que fazer a respeito. Deus o perdoa; ele perdoa todos nós.

Recordando-se que Robert era um homem religioso, Andy o consolou, dizendo que Deus perdoou até Caim depois que ele matou seu irmão Abel.

— Ele perdoa porque sabe o que nós somos. Afinal, Ele nos

criou. Mas — alertou Andy — a maneira como você cresce e se desenvolve depende de você.

— Eu não compreendo — confessou Robert.

— Você vai compreender. Pelas suas atitudes, você criou carma. O tipo de carma depende das intenções por trás de suas atitudes. Examine-se, aberta e honestamente. A ajuda está sempre disponível.

Robert sacudiu a cabeça. Ele ainda não estava entendendo. Andy, sabendo que o espírito logo seria levado para longe dele, prosseguiu em sua explicação.

— Você é parte de um grupo que projetou a bomba atômica. Como indivíduos, vocês têm carma, mas também o têm em grupo. Esse carma também terá de ser resolvido.

— Não entendi nada — admitiu Robert.

— Tudo bem. Há alguém chegando que vai lhe explicar até que entenda.

Andrew sentiu um espírito se aproximando. Robert, já livre da obsessão pelo perdão de Yoriko, agora se abria para um contato com um guia.

— Mais uma coisa — disse Andy. — Seu grupo era parte de um país. A bomba foi uma decisão nacional, desenvolvida, construída e lançada sob a vontade de toda a nação. Então, você também está envolvido em um carma nacional. Lembra-se da voz rude dizendo que o Universo usa o carma para equilibrar as coisas e como ele e seu grupo tiraram vantagem disso?

— Eu não sabia o que ele quis dizer. Parecia grego para mim.

— Não era grego, é a Terra: pensamentos e intenções causam atitudes, e atitudes geram carma. E nós estamos lá para aprender com isso. O carma nos une, ele mantém a história unida. É o que chamamos de vida.

Pensando em sua própria experiência recente, Andy decidiu compartilhar parte dela com Robert.

— Sempre existem escolhas a serem feitas. Mas a voz rude e sua corja conhecem apenas um caminho. Como um espírito que viu os dois lados da escolha, eu garanto a você que existem muitas, muitas escolhas abertas a todos nós.

Andy sabia que Robert ainda não estava compreendendo uma só palavra do que ele estava dizendo, mas isso não tinha importância. A única coisa que importava era que Robert tinha vontade de entender e aprender. Tudo o mais, como Andy descobriu, ia se encaixar no lugar no tempo certo e ao modo do próprio Robert.

O guia apareceu. Andy ficou feliz em ver quem ele era.

— Robert, conheça um amigo meu. Ele vai assumir daqui em diante. Ele pode ajudá-lo muito. Ouça o que ele tem a dizer. Seu nome é Phillip, e ele é um sujeito e tanto.

Phillip piscou e, levando Robert pelo braço, acenou e sorriu para Andrew.

Eva, silenciosamente assistindo ao drama que se passava bem à sua frente, comentou:

— Mais progresso. Robert deixou sua autopiedade para trás e, como vocês dizem na Terra, está pronto para a próxima rodada.

Então, com um sorriso e uma piscadela, ela disse a Andy:

— Acho que você vai gostar desse negócio de confortar.

— Também acho. Mas ainda tenho algumas perguntas.

Eva suspirou e brincou:

— E qual é a novidade?

E, com isso, a dupla deixou a sala escura e vazia chamada de zona neutra.

Era hora do descobrimento!

26

Um exercício com o círculo vermelho de fogo

No último capítulo, você leu sobre a chama alaranjada que se perseguia ao redor do círculo vermelho de fogo. O círculo representa o interminável ciclo de revolta/ódio, revolta/ódio, porque o ódio alimenta a revolta, a revolta alimenta o ódio e assim segue até que, antes que a gente perceba, estamos presos em um nó infinito de amargura.

Pense sobre sua vida.

Você guarda rancor ou ressentimento? E amargura?

A maioria de nós, em algum momento de nossas vidas, faz isso.

Você percebe como a toda hora você fica revivendo a situação ou experiência que o deixou ressentido? E, se o ressentimento é grande o bastante, percebe como você filtra tudo na sua vida através dessa amargura?

Quantas pessoas, rancorosas e ressentidas por um casamento ou relacionamento fracassado, têm medo de seguir adiante e se entregar a um novo amor? A raiva as aprisiona.

Quantos adultos guardam rancor ao notar injustiças cometidas por seus pais? A raiva os aprisiona no tempo.

Quantos vivem carregados com um enorme peso nas costas, revoltados com a vida e detestando seus chefes, colegas de trabalho, amigos e parentes? A raiva os aprisiona no ressentimento.

Quantos de nós temos um ressentimento de longo tempo?

Você já percebeu como, mesmo com o passar do tempo, os ressentimentos e rancores ainda se prolongam?

A raiva e o ressentimento nos paralisam, tornando difícil prosseguir com nossas vidas.

Se isso deixa você incomodado (espero que sim, porque a raiva também atrai raiva) tente este pequeno exercício. Como os outros neste livro, não é uma fórmula mágica. É apenas uma maneira de ajudar você a pensar sobre sua vida e se preparar para a Nova Era.

IMAGINE O CÍRCULO VERMELHO DE FOGO

Ponha-o na sua frente. Veja como ele brilha.

VEJA A CHAMA ALARANJADA GIRAR

Observe a chama perseguir continuamente a si mesma ao redor do círculo, nunca parando, nunca se detendo, sempre seguindo o aro do círculo, repetidamente.

A CHAMA ALARANJADA É SUA RAIVA

Pense sobre uma situação, experiência ou acontecimento em sua vida que ainda faz você sentir raiva, amargura ou ressentimento.

Se tiver algo a ver com seus pais... pense neles.

Se tiver algo a ver com um amigo... pense nele.

Se tiver algo a ver com um chefe, colega de trabalho ou parentes... pense neles.

FAÇA A CHAMA DIMINUIR

Puxe suavemente os freios da chama. Faça com que ela diminua. Observe como ela vai perdendo a velocidade, ainda seguindo o aro... mas mais devagar... devagar... devagar até parar. Pare com ela onde quer que você queira; afinal, a raiva é sua.

ENCARE A CHAMA

Observe-a se queimar. Veja o alaranjado tremendo na chama.

Agora, pense sobre a situação novamente enquanto você continua encarando a chama.

Reviva o ocorrido como você se lembra dele; não reprima nada.

Continue a encarar a chama.

ABANDONE

Abandone a raiva. Abandone o ressentimento. Abandone a amargura.

Você quer ser livre.

Mantenha seus olhos na chama. Olhe como ela se encolhe, cada vez menor.

Perdoe, sabendo que está se libertando do ressentimento.

Perdoe, sabendo que você está cortando os laços do rancor.

Perdoe, sabendo que você não vai mais reviver essa situação.

Perdoe, sabendo que está livre.

Mantenha seus olhos na chama enquanto ela fica cada vez menor, cada vez mais fraca.

Perdoe, e você pode ir em frente. Você pode aprender, você pode crescer. Perdoe, e você está livre da raiva; agora há espaço para paz e harmonia.

A CHAMA MORRE

Veja a chama lentamente se apagar.

Sua raiva está se apagando com ela.

Veja o círculo se tornando frio e azul.

Sinta seu espírito relaxado e em paz com o mundo.

O perdão é uma ferramenta poderosa porque nos liberta.

De novo, não existe mágica, não existem fórmulas fáceis, palavras místicas ou encantos secretos para fazer nossas vidas melhorarem. Os exercícios são projetados para ajudar a concentrar pensamentos e desejos, mas você deve colocar o resultado dessa concentração em sua vida.

27

Os sinais da mudança

Os dois espíritos estavam de volta à biblioteca. A longa viagem pela história havia acabado.

Juntos, eles tomaram um trem para o abismo de onde Andy falou com a escuridão e a luz.

Eles viram o sol explodir e Andy lutou e perdeu um espírito para a escuridão e ajudou um outro a timidamente alcançar a luz.

Agora eles chegaram ao ponto final da jornada de descobrimento de Andy. Era hora de desvendar o segredo. A última camada da cebola estava para ser retirada.

Os suaves raios da luz através da grande cúpula do prédio faziam estalar as paredes da biblioteca. Eva sabia que Andy era sincero em sua busca pela verdade. Mas ele logo aprenderia que nem todas as verdades podem ser reveladas, simplesmente porque muitas ainda estavam sendo escritas.

Andy estava com o ombro apoiado em uma das prateleiras do prédio. Seus olhos correram pelas intermináveis fileiras de livros que preenchiam a grande biblioteca. Enquanto seus olhos passeavam de uma estante a outra, eles se encontraram com os olhos de Eva e se fixaram neles. Ele sorriu. Ele estava, sim, ansioso para começar.

Ele também sentiu que o momento havia chegado.

Sem nenhum preâmbulo ou introdução, Eva disparou sua primeira pergunta.

— Já pensou por que, nos últimos trinta anos ou mais, os acontecimentos na Terra têm acontecido mais rápido do que em qualquer época anterior na história da humanidade?

Andy abriu a boca para responder, mas ela não permitiu. Era parte de seu plano. Ela o encheria de perguntas num esforço para derrubar suas poucas dúvidas ainda existentes.

— Por que você acha, neste ponto da história da Terra, que a percepção humana do tempo e espaço está mudando?

De novo Andy tentou falar e de novo Eva o interrompeu, mantendo o ritmo de sua limitação verbal.

— Você não percebeu que as pessoas estão ficando menos interessadas em religião e se tornando cada vez mais interessadas na verdade interior e na busca da espiritualidade pessoal?

Andy riu e jogou os braços para o alto, fingindo se render. Ele sabia que era inútil tentar responder. Ele percebeu o que ela estava fazendo. Então ele decidiu deixá-la se divertir.

E foi o que ela fez.

— Por que, nos dias atuais, mais pessoas na Terra têm acesso a mais informação?

Andy simplesmente sacudiu os ombros e sorriu. Imitando um boxeador que desafia o oponente a dar seu próximo soco, ele provocou Eva, amistosamente, a lhe lançar outra pergunta.

E ela lançou:

— Não imaginou por que a violência parece dominar a esfera terrestre e por que ela está sendo levada aos lares para que toda e qualquer alma da Terra possa ver?

Nada além de um sorriso de Andy e nada além do que outra pergunta de Eva.

— Já percebeu como livros, filmes, programas de TV e artigos em revistas que se dedicam à fé, vida após a morte, anjos e milagres estão surgindo rapidamente em todos os lugares?

Andy encolheu os ombros e sorriu. Eva sorriu de volta. Ela estava feliz em ver que Andy estava na brincadeira com ela. Mas ela interrompeu sua metralhadora de perguntas. Agora, sua voz se tornou suave e gentil, enquanto ela preparava sua última indagação. E, desta vez, com certeza ela esperava uma resposta.

— Você já pensou por que a Terra precisa de confortadores agora?

O enorme salão estava em silêncio, exceto pelos ecos da última pergunta viajando pelas paredes do grande prédio até que deixaram de ser ouvidos.

Andy ergueu os olhos para o topo da cúpula e respondeu com voz calma e segura.

— Acredite em mim: não tenho pensado em mais nada ultimamente. — Ele fez uma rápida pausa e admitiu que ainda tinha algumas perguntas. Mas logo acrescentou: — Tenho a impressão de que você vai primeiro responder às suas, antes de responder às minhas.

Com uma piscadela, ele a informou que estava pronto.

Do nada e sem aviso, uma pequena tela apareceu no meio da grande biblioteca.

Andrew riu, surpreso, enquanto a tela se abria formando um círculo de 360 graus em volta dele e de Eva.

— Absolutamente fabuloso — exclamou.

Eva sorriu.

— Nós podemos ser mais sofisticados que a Nasa por aqui — brincou. — Aqui está o título de nossa pequena apresentação.

As palavras OS SINAIS DA MUDANÇA apareceram em movimento, lentamente preenchendo toda a tela.

— Meio moderninha a forma como as palavras apareceram, não acha? — zombou Eva.

Andrew sorriu e, enquanto ele apreciava o senso de humor de sua guia, ouviu, vindo de trás e dos lados, o murmúrio de diferentes línguas. Russo misturado com espanhol, alemão embaralhado com chinês e inglês entrecortado com zulu. Holandês, francês, mandarim, português, hebreu, vietnamita, árabe e outras incontáveis línguas se fundiam em uma canção terrestre.

E, preenchendo a tela de 360 graus, estavam as faces dos donos daquelas vozes.

Uma mulher negra da África aparecia perto do rosto enrugado de um fazendeiro filipino; um grisalho negociante americano surgiu ao lado do rosto de um índio sul-americano e, próximo a eles, a face sorridente de um esquimó, e, ainda, perto do esquimó, o rosto severo e marcado de um camponês iugoslavo. A tela brilhante se tornou um mosaico humano de 360 graus.

— Fato — disse Eva no tom apressado de uma executiva —: nos últimos trinta anos na Terra, as Nações Unidas passaram de 114 para mais de 160 membros. Hoje em dia, existem mais novos países do que jamais existiu. Os diferentes níveis de vibrações na Terra estão se definindo. É um sinal de mudança.

— Espere um minuto — interrompeu Andy, confiante. — Isso não significa que, ao invés de unidos, os espíritos estão se tornando mais divididos?

Ela teve a sensação de que Andy iria dizer aquilo, e por isso já estava pronta.

— As almas da Terra estão se organizando. É sua evolução e realinhamento do laço espiritual através do carma grupal. Lembra-se da história de Adão e aquela outra, como era mesmo o nome? — satirizou e continuou: — Novos espíritos constantemente migram para a Terra. Com o tempo, eles compartilham experiências. É realmente simples: vibrações comuns atraem espíritos semelhantes; eles formam um grupo. Esses espíritos interagem e suas atitudes criam carma entre espíritos individuais dentro do grupo. O resultado se chama carma grupal.

Andy entendeu, Jacob começara a explicar isso lá na zona neutra.

Uma campainha eletrônica chamou sua atenção para a tela.

Logo abaixo de OS SINAIS DA MUDANÇA, as palavras **O palco está montado** apareceram.

Eva citou William Shakespeare:

— O mundo é um palco... A Terra é um palco onde os espíritos interpretam seus egos, desejos e alegrias. Mas — acrescentou com ênfase dramática — o palco está prestes a mudar.

A campainha soou novamente e cenas de assassinato, estupro e guerra foram projetadas. Um novo título surgiu. Tinha uma só palavra que dizia tudo: **Violência**.

Eva explicou que violência, ódio, agressão e medo existiam na Terra desde sua criação.

— Não é culpa do planeta — disse Eva. — Violência é a faceta inferior dos espíritos encarnados. Os primeiros espíritos a serem permitidos na Terra levaram consigo seu ego, cobiça e inveja. A inveja gerou ciúme, que cresceu e virou medo, e o medo leva à violência. É o ciclo das vibrações inferiores.

— É como eu disse — Andrew acenou com a cabeça para a tela. — As clavas ficaram maiores e mais letais.

— Há uma razão para tudo. Por que você acha que a violência parece fora do controle? Por que ela domina a televisão, rádio e jornais?

Andrew encolheu os ombros e sarcasticamente comentou:

— Não faço a menor idéia. Talvez seja porque eles são fascinados por isso tudo.

Eva disse que essa última onda de violência era simplesmente mais um sinal de mudança.

Andy resmungou. Ele não estava se convencendo daquilo e disse isso a ela.

— Dá um tempo! Assassinato é sinal de mudança?

— É para lhes dar uma escolha. Espíritos não desenvolvidos estão sendo autorizados a encarnar na Terra, e eles trazem suas facetas inferiores com eles. Toda a publicidade que a violência tem conseguido deveria lhe dizer alguma coisa.

Andy não podia nem adivinhar a que Eva estava se referindo. Mas ele sabia que ela ia lhe contar.

— A violência está sendo mostrada em todo o seu horror e escuridão para que os espíritos possam fazer uma escolha. Eles podem responder à violência com mais violência, ou podem enfrentar o ódio com compreensão e o medo com o consolo. O que nós estamos vendo é o último suspiro das vibrações inferiores para controlar a esfera terrestre.

Com isso, ela respondeu a uma de suas perguntas iniciais.

Agora ela respondia outra, revelando que os espíritos do lugar especial inspiraram cientistas e técnicos a construir redes de comunicação instantânea, para que os homens pudessem ter facilidade no acesso à informação.

— Os espíritos da Terra têm a chance de ver, em primeira

mão, o que são as vibrações inferiores. É por isso que espíritos não desenvolvidos têm permissão de encarnar. Eles estão sendo usados para que outros espíritos possam ver que existe um caminho melhor: o caminho da luz, paz e harmonia. Logo, uma escolha terá de ser feita.

Andy ainda não estava se convencendo de nada daquilo.

— Não faz nenhum sentido.

— Escolhas — repetiu Eva, e então acrescentou com ênfase especial: — Assim o trigo pode se separar do joio.

— Não entendi — confessou Andy.

Antes que ela pudesse explicar, a campainha soou novamente e a atenção dos dois foi levada de volta à tela.

Fotos de homens pisando na lua, satélites explorando o espaço, computadores interligando nações, televisores trazendo notícia e entretenimento aos lares e aviões a jato cruzando o céu.

Tudo acontece mais depressa, era a nova manchete.

Eva, como sempre, narrava o que eles estavam vendo na tela.

— No tempo da Terra, a história começou uns 500 mil anos atrás. Levou mais de 495 mil anos para que os espíritos da Terra desenvolvessem alguma forma de escrita. Os egípcios fizeram isso, com os hieróglifos, há uns 3.700 anos antes de o mensageiro Cristo chegar. Mas nos últimos trinta anos eles andaram na lua, satélites remetem imagens e sons por todo o planeta e a população quadruplicou. Os homens não apenas se comunicam instantaneamente uns com os outros, mas sua noção de tempo e espaço mudou.

Andrew interpôs um comentário:

— Eles estão até pensando em clonar uns aos outros. O que você acha disso?

— Progresso. Dê uma olhada no homem pré-histórico — disse ela, desviando-se rapidamente de sua apresentação. Ela havia aprendido: com Andy, ela tinha de estar preparada para tudo.

Imediatamente, um homem grande, cabeludo e desajeitado apareceu na tela: cabeça grande, testa pequena, olhos miúdos com um corpo totalmente fora de proporção.

— Que diferença! — comentou Eva.

Ela explicou que a clonagem é uma tentativa de desenvolver um corpo físico mais leve, menos denso.

— O que levou milhares de anos de evolução será feito em um laboratório. Um corpo mais leve, mais flexível e menos denso para espíritos mais evoluídos encarnarem. Não há mistério aqui. É tudo parte do progresso.

Andrew sacudiu a cabeça. Ele não gostava do que estava ouvindo.

— Homem brincando de Deus — comentou amargamente.

Eva franziu as sobrancelhas e o repreendeu:

— Lembre-se: você não pode clonar um espírito. O que importa não é quem faz o vasilhame, mas o que se coloca dentro.

A imagem do homem da Idade da Pedra olhava para eles da tela.

— Há um padrão aqui. Você vê?

— Claro que sim — respondeu Andy. — As coisas estão indo tão depressa que os acontecimentos passaram a comandar. Os espíritos da Terra não estão prontos.

Eva sorriu e suavemente balançou a cabeça de um lado para o outro.

— Talvez para alguns, mas não para outros.

A campainha soou. Um novo título apareceu.

Religião menos importante — Mensagens sobre espiritualidade.

— Os espíritos da Terra estão procurando por espiritualidade. Para ir direto ao assunto, velhos caminhos e respostas não são bons o bastante para as novas perguntas. A religião como um todo está se mostrando como o que sempre foi: um negócio armado para se manter no mercado. O interesse em anjos, médiuns, reencarnação e uma nova espiritualidade é outro sinal de mudança.

Andrew sacudiu a cabeça veementemente.

— Você está errada — disse sem medo de estar enganado. — As pessoas ficaram menos tolerantes. Igrejas e religiões lutam entre si para decidir qual é a fé mais verdadeira e mais santa. Cristãos discutem com cristãos sobre qual Jesus é melhor.

Seitas brigam com seitas, debatendo qual é a mais santa e mais relevante.

— Em tempos de mudança — revelou Eva —, algumas almas procuram por respostas simples. Espíritos encarnados são apanhados inconscientemente pelas correntes da escolha. Alguns a aceitam, outros a ignoram e outros lutam com ela. Esse também é um outro sinal de mudança.

Eva viu que já era o suficiente. O momento havia chegado. Ela podia prosseguir o dia todo indicando os sinais da mudança na Terra. E ela sabia que Andy iria discutir e debater com ela a cada passo do caminho. Em alguns momentos, porém, ele ia entender ou não. A hora chegara. Era tudo ou nada.

Eva indicou a tela com a cabeça.

Sem imagens. Sem efeitos sonoros. Sem campainhas. Apenas uma grande manchete.

NADA IMPORTA – A TERRA TEM SEU PRÓPRIO DESTINO.

Andrew estava intrigado.

Andrew estava desorientado.

Andrew estava confuso.

Ele sempre acreditou que os espíritos da Terra determinavam o destino da esfera terrestre.

Na frente dele, uma simples e curta frase negava tudo em que ele acreditava.

— Eu pensei... — ele gaguejava as palavras — ...que, se os espíritos elevavam suas vibrações, limpando a si mesmos do ódio, cobiça e mesquinhez, a Terra iria evoluir e se tornaria como o Jardim do Éden. — Com um sorriso triste, ele disse: — Em outras palavras, se nós mudássemos nosso modo de atuar, o palco mudaria.

Eva sacudia a cabeça, dizendo que simplesmente não era o caso.

— O palco muda sozinho.

Andy não sabia o que dizer. Ele estava muito ocupado tentando ver as implicações do que acabava de aprender. Como em outras ocasiões, foi a voz do invisível Run-Chi que entrou para lhe guiar e inspirar.

Andy estava começando a ver um padrão: sempre que ele tinha uma dificuldade na compreensão, sempre que ele tinha um obstáculo para superar, Run-Chi intervinha.

— Pensar que os espíritos podem mudar a ordem do Universo é arrogância — proclamou o velho monge. — A Terra foi criada por Deus, não por espíritos. A vibração terrestre tem seu próprio lugar especial no Universo. A Terra é usada pelo homem, mas não pertence a ele.

Run-Chi pediu a Andy que desse outra olhada para a tela.

A Terra apareceu.

Era o famoso planeta grande, redondo, azul e branco fotografado pelos astronautas, solitário, rodeado pela escuridão e vazio do espaço.

A IMAGEM SE AFASTA LENTAMENTE

Agora, com a imagem mais aberta, a Terra não está solitária. Os outros planetas do sistema solar estão inclusos na paisagem: Marte, Vênus, Netuno, Júpiter, Urano, Plutão, Saturno e Mercúrio.

A IMAGEM SE AFASTA

A vista se expandiu, fazendo brotar um panorama de 360 graus com toda a Via Láctea. A Terra não era mais um planeta grande e azul; era um pontinho de luz azul.

A IMAGEM SE AFASTA

O espetáculo cresce ainda mais, mostrando milhares de sóis, planetas e galáxias desconhecidas para Andrew. A Terra estava menor do que um átomo, em meio à majestade da Criação.

A IMAGEM SE AFASTA RAPIDAMENTE

A imagem fica cada vez mais ampla, acompanhando o Universo sempre em expansão. A Terra era apenas uma de bilhões de luzes piscando.

Andy estava abatido e se lembrou do que Jacob tentou explicar para ele:

"Você vê a Terra como um lar, você entende as grandes tragédias em termos terrestres. A dor e sofrimento causados, apesar de reais, ofuscam o que é realmente apenas mais uma lição na escola da Terra."

Andy finalmente entendeu.

Eva ficou imaginando como alguém, depois de ter tido essa pequena amostra da Criação, poderia imaginar que o homem controlava o destino da Terra.

— A Terra foi criada por uma razão e tem seu lugar no Universo. A ciência nos diz que o Universo está mudando constantemente. E assim está a Terra, porque é parte de um Universo que sempre está mudando.

Para ilustrar melhor seu argumento, ela pediu a Andy que imaginasse duas linhas paralelas na frente dele.

— A linha de cima é a Terra, e ela corre em seu próprio tempo e passo. A linha de baixo pertence ao homem; é a sua história na Terra. As duas linhas existem, mas são separadas. A Terra tem uma história e a humanidade tem outra.

Andrew meditou sobre as palavras da guia. Em sua cabeça, a história do homem havia sido moldada com a da Terra. Eles eram um e inseparáveis. Isso era tão novo e confuso. Eva provocou seus pensamentos com uma pergunta:

— Você sabe a diferença, Andy?

Ele sacudiu a cabeça. Ele não tinha nenhuma pista.

— Pense nisso. Por que a história da Terra é diferente da história do homem?

Ele devolveu sua pergunta sacudindo a cabeça outra vez.

Ela se demorou até vir com a resposta. Eva queria encontrar as palavras certas para explicar a mais simples e ainda assim mais profunda verdade da Criação, e, brincando, ela prometeu que sua resposta não seria "uma charada dentro da outra".

— O homem, através do carma, faz sua história; o Criador, através de Seu próprio plano e vontade, faz a da Terra.

As implicações do que acabara de ouvir acertaram Andy com a força de uma onda no oceano. A excitação surgiu em todo o seu espírito. Excitação porque o que nunca havia feito sentido antes de repente passou a fazer. Contradições se transformaram em lógica, a ordem tomou o lugar do caos. Excitação porque ele finalmente entendeu que o homem só era responsável pela sua própria sina. A evolução dos espíritos não tinha nada a ver com a evolução da vibração terrestre.

Eva, lendo seus pensamentos, confirmou solenemente:

— Você entendeu.

— Começa a fazer sentido — respondeu Andy, tão solene quanto ela.

Um instante de silêncio passou entre os dois, mas Andy ainda tinha uma pergunta.

— Eu quero saber, sem nenhum discurso enorme sobre o carma, sina, destino, o que vai acontecer com os espíritos que não evoluíram? E aqueles começando na vibração terrestre e que não podem ou não são capazes de se enquadrar na nova vibração? O que vai acontecer com eles?

Eva riu e disse que aquela era uma das perguntas mais fáceis que ele já lhe tinha feito.

— É aí que você entra, Andy. Você é uma das chances de Deus. O trigo se separará do joio. Você está lá para ajudá-los a escolher.

Andrew engoliu em seco.

— E agora você está pronto para ver mais.

A longa jornada de dúvidas tinha acabado, o descobrimento começara. Mas ainda havia mais para ser revelado. Mas só depois de uma passadinha final em Nova York.

28
Onze de setembro

São sete horas de uma clara manhã do fim do verão. A cidade já não dorme. Sua energia ilimitada, temporariamente coberta pelo manto da noite, borbulha em suas ruas e calçadas.

Um outro dia começa.

Andy olha mais uma vez para a grande cidade. Ele está bem acima de suas ruas e edifícios, elevado sobre eles assim como estava quando começou sua jornada de dúvidas e descobrimento.

Só que agora não é de noite. É dia, e não são as luzes da cidade que iluminam o céu; é o sol, brilhando por toda a clara manhã sem nuvens.

Sob ele se abria um vale de concreto e aço chamado Nova York. À sua esquerda, as tranqüilas águas azuis brilhantes do rio Hudson marchavam determinadas para o Oceano Atlântico. À sua direita, depois de East River, estão Brooklyn e Queens. Logo abaixo dele, Manhattan. Esta cidade já foi seu lar. Em uma outra vida e época, ele a sentiu pulsar e oscilar em seu ritmo. Ele amava esta cidade e ainda ama.

Ela se desenrola à sua frente, um poderoso gigante vulnerável e inconsciente. Ele pode sentir seu pulsar. Em breve vai ficar mais rápido. Ele pode sentir seu ritmo. Em breve será abalado por medo e angústia.

Andy devorava a cidade, sabendo que em poucas horas a

normalidade do dia ia ser despedaçada, para nunca mais se recompor.

— Estamos de volta onde começamos.

Era uma voz que Andy conhecia bem. Ele olhou sobre seu ombro e viu Phillip.

— Eu disse que voltaria — disse sorrindo seu velho amigo e guia.

Andy estava feliz em vê-lo. Estava contente de ter Phil com ele, mais uma vez, em Nova York.

— Vai acontecer logo — disse Andy, com os olhos fixos no céu claro da manhã.

Era mais um lamento do que um comentário, e suas palavras traziam com elas uma esperança impossível de que poderia estar errado.

Phil assentiu.

— Dentro de uma hora, mais ou menos.

A dupla observava o espreguiçar dos prédios ao seu redor. Os sons do tráfego nas primeiras horas da manhã brotavam fracamente do vale de concreto. Eles ouviam os vagões do metrô rugindo enquanto deixavam suas estações subterrâneas cercadas por milhões de passageiros que logo estariam levando para o serviço.

— Você não tinha de vir — disse uma outra voz.

Andy reconheceu-a também. Pertencia a Joshua.

— Você não tem motivos que o obriguem a estar aqui — disse Josh, parando ao lado de Andy.

Andy acenou com a cabeça para o guia loiro.

— Tenho todos os motivos para estar aqui. Eu vou ser um confortador, você não sabia? — respondeu com um meio sorriso e uma risada nervosa.

— Nós soubemos e ficamos contentes — disse uma terceira voz que se juntou a eles.

Era o Mestre Run-Chi. O velho monge, resplandecendo em suas vestes amarelas e vermelhas, uniu-se ao grupo.

— O que é isto, uma reunião? — brincou Andy.

Ao falar, sentiu crescer a agitação ao seu redor. Centenas de espíritos estavam se reunindo no prédio ou nas ruas abaixo.

— São guias — observou Phil. — Eles estão aqui para encontrar os que vão fazer a passagem.

— E nós estamos aqui para guiar você — explicou o Mestre. — Há muito para você aprender hoje.

Phil olhava para os milhares de espíritos reunidos. Ele conhecia alguns e acenou. Eles solenemente acenaram de volta.

— Vai ser duro. A separação violenta e repentina do corpo físico é algo difícil de lidar. O espírito separado fica perdido e confuso, algumas vezes nem mesmo sabendo que passou para o outro lado. A maioria deles estará furiosa. Não vai ser fácil — refletiu Phil secamente.

O Mestre queria saber se Andrew se lembrava de alguma coisa que ele, o Mestre, tinha dito quando se encontraram pela primeira vez. Andy riu, respondendo que o Mestre lhe disse muita coisa.

— Aprenda a ver além dos fatos, aprenda a ver além das razões — recordou Run-Chi, acelerando a memória do espírito.

Andy acenou com a cabeça, dizendo que tinha aprendido.

— Eu vi mais do que esperava, aprendi mais do que podia imaginar.

O Mestre calmamente preparou Andy para o que estava por vir.

— E hoje você vai aprender mais. Você vai testemunhar o carma em ação. Você verá todo o espectro da vibração desfilar na sua frente. Ódio e amor. Arrogância e humildade. Egoísmo e sacrifício. Medo e confiança. Crueldade e compaixão.

Até Phil e Joshua se apegaram às palavras do Mestre naquele ponto da iminência dos eventos que iriam acontecer. Em seu tom tranqüilo, sereno e verdadeiro, o monge estava ao mesmo tempo dramático e sem emoção.

— Logo você vai ver o Universo usar o carma do homem para enviar sinais.

Brevemente, a missão de confortador de Andy ia começar e Run-Chi queria explicar o máximo que pudesse antes que os acontecimentos passassem a controlar o dia.

— O Universo, ou Deus, se você preferir, não é o responsável por hoje. Logo, muitos vão chorar e perguntar por que Deus permitiu que isso acontecesse. Ele não tem culpa. Os espíritos vivendo na Terra são responsáveis, e é por isso que não existem vítimas, grupos ou nações inocentes. O que acontece é o resultado do que veio antes.

Lá, no topo de um enorme edifício com Run-Chi, Joshua, Phil e milhares de guias, Andy teve mais um *flashback* de uma vida passada.

Londres, Inglaterra. Ele era um orador jovem e eloqüente participando de um debate universitário. Ele também era ateu. Respondendo a uma pergunta da platéia, ele ouviu a si mesmo dizer:

"Quando aceitamos que somos nós, e não uma divindade inexistente, os responsáveis por este mundo, ele se torna um lugar melhor. Quando começarmos a culpar a nós mesmos e não a vontade de um deus mítico, a humanidade vai progredir realmente."

Hoje, Andy acreditava em Deus. Ele tinha visto suas obras e sentido sua presença. Mas, agora mais do que nunca, ele estava convencido de que o que ele falara muitas e muitas vidas atrás era verdade.

Ele agora via, depois de sua jornada de dúvidas, como o Universo usa o carma criado pelas atitudes dos homens para ensiná-los.

E ele percebeu algo mais: ele se deu conta de que reviveu todas aquelas encarnações na retrospectiva da alma com Joshua.

O padre católico. O líder religioso muçulmano. O inglês ateu. O círculo estava completo. E ele também.

Os sons que vinham das ruas aumentaram de volume. Ônibus rugiam pelas largas avenidas. Trens cheios de viajantes matutinos trovoavam cidade adentro. Mas no edifício onde os espíritos se reuniam tudo estava calmo e silencioso. Nem mesmo o vento tremulava a bandeira nacional pendurada frouxamente no mastro do prédio. Nem uma nuvem pontuava o céu azul claro.

O Mestre, alheio a tudo ao seu redor, continuava seriamente a falar sobre os fatos do dia para Andrew.

— A nação que está para ser atacada construiu o país mais rico que o mundo já viu. Eles fizeram isso com trabalho árduo, planejamento e dedicação. Não há nada de errado nisso. Eles fizeram o melhor que podiam para compartilhar sua fortuna. Algumas vezes foram bem-sucedidos; outras vezes, não.

A atenção de Phil começou a se desviar. Ele estava ali por outras razões. O Mestre e Joshua, entretanto, concentravam sua atenção e energia em Andrew.

— A sociedade deles — finalizou o Mestre — é invejada pelo mundo. Para alguns, tornou-se um ideal, um sonho, uma esperança. Para outros, ela representa tudo de mal e errado no mundo. — Como um aparte, o Mestre fez um gesto e disse: — Claro, nada disso corresponde à verdade.

Agora, era a vez de Joshua falar.

— Esta sociedade também se construiu às custas de outros. Quantas bombas seus filhos lançaram? Quantas pessoas foram exploradas por suas empresas em busca de lucros? Quantos governos corruptos e mal-intencionados os apoiaram pensando que estavam preservando sua própria existência?

— Carma foi gerado — enfatizou o Mestre —, e agora será usado. Não para punir; a punição não pode existir em um mundo onde não existem inocentes. O Universo vai usar este carma para mandar-lhes um sinal. Mas esta mensagem não é apenas para eles, é para o mundo inteiro.

O sol suavemente continuava sua lenta e deliberada subida no leste. O trânsito das ruas ecoava mais alto. A cidade estava viva e desperta em um lindo dia do final do verão.

Um espírito apareceu perto de Phil. Ele sorriu e acenou para Andy, mas ele não tinha a menor idéia de quem era aquele espírito.

A voz do Mestre chamou por Andy para prepará-lo para o momento que chegava rapidamente.

— Você está pronto para entender os sinais. Você está pronto para ensinar e confortar. Explique a eles que nada acontece por acaso. Prepare-os para as mudanças que se aproximam. Ajude-os a fazer sua escolha.

No entanto, Andy estava confuso. Ele recordou que o Mestre disse que a tragédia de 11 de setembro não era mais importante ou significante que qualquer outro evento na história da humanidade. Andy lembrou o Mestre de suas palavras e perguntou se ele havia mudado de opinião.

O velho sorriu.

— Estou aqui reiterando minha opinião. Pessoas vão morrer. Será um choque terrível e uma perda para muitos. Mas o que vai acontecer hoje é apenas uma conseqüência, como centenas de milhares de conseqüências que vieram antes e virão depois. Nada mais e nada menos.

A atenção de Andrew estava dividida entre Joshua, o Mestre e o espírito ao lado de Phil que ainda sorria e acenava para ele.

— Ele me conhece — disse Andrew para si mesmo, mas não conseguia identificá-lo até que ouviu a voz do espírito.

— Olá, Andrew, legal ver você aqui — disse o espírito com uma voz grave, meio barítono.

— Jacob! — exclamou Andy.

Ele não havia visto aquele espírito antes. Ele apenas ouviu sua voz, que falou com ele sobre perdoar. Andy imediatamente soube por que Jacob estava ali.

— Serão muitos fazendo a passagem hoje. Aqueles que estão prontos vão precisar de alguém para explicar isso. Eles precisarão de orientação para poder perdoar.

Jacob era mais baixo do que Andy havia imaginado. Ele era quase totalmente careca, com apenas uma orla de cabelos brancos enfeitando o terço traseiro de sua cabeça. Mas foram os olhos azul-claros do espírito que chamaram a atenção de Andy. Eles eram radiantes e vivos.

— Afinal — acrescentou Jacob ironicamente — não queremos que eles caiam nas mãos de Josef.

Andy trouxe de volta à memória o período em que esteve com Jacob e Josef. Parecia que fora há séculos, mas ele sabia que o tempo tinha um modo de se apagar por ali. Andy sempre tinha dificuldade ao separar dias, meses e anos no mundo astral.

O Mestre, como sempre, tirou a atenção de Andrew de suas divagações, forçando-o a se concentrar depressa nos eventos que se aproximavam.

— Nos dias e semanas que se seguem na Terra, eles analisarão, debaterão e discutirão o que está para acontecer aqui. A maioria do que vão dizer será bobagem. Este não é o fim do mundo, nem mesmo o começo do fim. Você viu que as atitudes humanas não vão mudar o que o Criador planejou para a Terra.

Andy entendeu. Foi uma longa jornada para ele para conseguir entender, mas ele não tinha mais dúvidas: a história do homem é feita pelo carma; a da Terra, por Deus.

Joshua chamou por Andy:

— As coisas acontecem por causa do carma. O Universo o usa para ensinar. Os eventos na Terra servem para que os espíritos aprendam, cresçam e façam suas escolhas.

Os elevadores do edifício apitavam, apressando-se a chegar ao solo para encontrar a primeira leva de funcionários dos escritórios. Eles estavam programados para isso, dia após dia, desde que as torres foram construídas.

A poucas centenas de quilômetros dali, dois aviões de passageiros lentamente desviavam-se de sua rota. Joshua e Run-Chi sabiam que o tempo estava se acabando. Em pouco tempo não haveria nada a fazer a não ser assistir ao caos e ao desespero.

— Eu o ajudei com sua retrospectiva da alma — começou Joshua —, assim você pôde aprender e extrair um pouco de tudo que é você. Você vai precisar disso nos dias que vêm pela frente.

— Eu separei você de você mesmo — declarou o velho monge —, assim você viu sem orgulho, aprendeu sem preconceito, entendeu sem ego.

As palavras do Mestre puxaram o gatilho da memória de Andy, dizendo a ele que o velho monge também havia lhe prometido dar uma outra razão para a separação.

Run-Chi, sabendo que o confortador ia perguntar qual era aquela razão, interrompeu Andy.

— Eu disse que lhe diria quando eu estivesse pronto. Não vai ser agora, mas logo, logo.

Era difícil achar uma nuvem no céu, e, mesmo no topo do alto edifício, o vento não era mais do que uma brisa suave. Estava um dia claro e Andy viu além do rio Hudson até Nova Jersey e além da ilha de Manhattan até Connecticut. Era mesmo um dia perfeito na Terra.

— O carma é uma força, e hoje o Universo a está usando para enviar um sinal. Um sinal de que as coisas foram longe demais — proclamou Run-Chi, acrescentando: — Houve excesso.

Os elevadores chiavam, carregando seus passageiros para os milhares de escritórios espalhados por toda a torre de vidro.

O ruído das ruas embaixo aumentava enquanto as horas mais movimentadas da manhã se aproximavam. A quilômetros dali, duas aeronaves começavam uma lenta e deliberada descida.

— Nada é por acaso. Nada é isolado, tudo é interligado. Lembre-se do que Eva disse: o homem faz a história através do carma. A história está para ser feita.

Joshua comentou que havia milhares de dramas cármicos se desdobrando: individuais, grupais e nacionais.

— O Universo está usando as emoções cruas da vingança, revolta, inveja e ressentimento para enviar uma mensagem.

Pelo canto do olho, Andy avistou Phil. Ele, Jacob e literalmente centenas de espíritos pacientemente esperavam pela tragédia que se daria.

Pela primeira vez, ele notou que, no outro lado do prédio, um outro grupo de guias se preparava. Mas suas auras não eram leves e claras como as do grupo de Phil.

Elas eram pesadas e escuras.

Os espíritos no grupo de Phil estavam dispostos ao acaso e relaxados.

Aqueles que estavam no outro lado estavam tensos e alinhados em filas disciplinadas e organizadas, lembrando uma infantaria formada para a batalha. Andy sabia que aqueles espíritos eram os soldados do outro lugar.

Phil notou a preocupação de Andrew.

— Lembre-se do que os budistas ensinaram a você: a próxima vida começa com as emoções que você traz desta aqui. Aqueles sujeitos — disse, desenhando uma linha imaginária na laje do prédio — estão aqui para os espíritos com raiva e fúria.

Phil relembrou que os dois lugares estavam representados naquele momento, ambos no lado espiritual e no lado dos encarnados.

Os espíritos vão para a vibração com a qual estão afinados. É assim que funciona. É nossa missão oferecer a eles luz e escolha. Alguns aceitam; outros, não. Algum dia todos vão atravessar para a luz. Mas esse dia — acrescentou, tristemente — não é hoje.

Os escritórios no prédio se abriam, enquanto as equipes chegavam para seu dia de trabalho. As pessoas tomavam sua primeira xícara de café em suas mesas. A cidade dentro da cidade de Nova York ganhava vida.

Run-Chi estava sereno, apesar de saber que em poucos minutos o céu azul-claro do centro financeiro de Manhattan se transformaria em uma nuvem de fumaça e poeira.

— É hora de ver por trás do evento, hora de ver além das razões políticas, do ódio e da revolta. É hora de ler os sinais do Universo.

Andy estava pronto. Ele também sabia que os segundos estavam passando, o relógio estava correndo. Run-Chi calmamente vasculhou o céu antes de falar.

— Símbolos serão destruídos. Este prédio e seu gêmeo são símbolos do dinheiro. Um outro símbolo, não muito longe daqui, também será atingido. É um símbolo de força e poder, um edifício onde os planos de guerra são feitos.

Andy assentiu e o Mestre continuou:

— O Universo está dizendo que as coisas foram muito longe. Não apenas neste país, mas em toda a vibração. Dinheiro e poder não são as razões pelas quais os espíritos foram colocados aqui. Eles estão aqui para aprender, crescer e entender que são unidos. Eles esqueceram isso, e as coisas saíram do controle. — Run-Chi fez uma pausa para um momento de meditação.

— Há uma mensagem especial para os espíritos que pertencem a este país. Eles se esqueceram da razão pela qual esta nação foi formada.

— Imigrantes do mundo todo vieram para cá — disse Joshua, lendo os pensamentos do Mestre — por causa de um ideal. Eles se esqueceram de seus ideais de liberdade, igualdade e justiça. Chegou a hora de eles se lembrarem.

A menos de cem quilômetros dali, dois aviões, separados alguns minutos um do outro, preparavam sua corrida final. Uma correção de rota no último minuto garantiu aos pilotos que eles estavam no caminho certo, mas aterrorizou passageiros que ainda não tinham idéia de onde estavam indo.

Joshua explicou que não era à toa que o que ia acontecer seria na capital da mídia mundial.

— Será visto por todo o planeta, alcançando todos os bairros, vilas e lares. Vai chocar. Vai revoltar. Vai assustar. Então as pessoas vão pensar. É por isso que o Universo permite esse drama cármico. É para que todo o mundo veja. É para que todo o mundo aprenda com isso, ao vivo e em cores, como eles dizem.

Run-Chi, nos minutos que faltavam, continuou a bater nessa tecla.

— Esses eventos são comandados pelos homens raivosos e malignos que distorcem a religião ordenando, em nome de Deus, a morte dos outros. Qual é o sinal por trás disso, Andy?

Sem hesitação, ele respondeu:

— A religião também saiu do controle. Cristãos fundamentalistas torcem e distorcem a Bíblia. Algumas seitas judias usam suas escrituras para justificar a agressão contra seus vizinhos. Budistas lutam contra hindus e hindus contra muçulmanos, por templos sagrados. — E, olhando para o horizonte, Andy finalizou sua resposta: — Alguns muçulmanos são ordenados a matarem a si mesmos e a outros por Deus.

Run-Chi prestava atenção no horizonte.

Um avião solitário rodeava a cidade, descendo cada vez mais, voando diretamente para o prédio onde eles falavam. Sem tirar os olhos do avião, o velho monge disse, lamentando:

— Esta noite, alguns dos chamados líderes religiosos deste país irão à TV dizer que Jesus justifica a vingança. Nos próximos dias, outros irão à frente das câmeras dizer que esta tragédia aconteceu porque Deus estava punindo este país por ser muito liberal.

Run-Chi sacudiu a cabeça em desgosto.

— E no outro lado do mundo — adicionou Joshua, também olhando para o horizonte — pessoas vão dançar nas ruas, louvando a Deus por este dia de morte.

O Mestre, sem tirar seus olhos do céu distante, juntou tudo que tinha a dizer em um único e organizado pacote:

— O mundo está recebendo uma mensagem: vocês foram longe demais. Dinheiro, posição social, poder e riqueza não significam nada se você esqueceu quem ou o que você é. Espiritualidade não é religião e religião não é desculpa para matar e destruir. O mundo verá o que são as vibrações inferiores: violência, ódio, intolerância e fúria fanática. Quando estes edifícios desmoronarem, o mundo verá o trabalho dessas vibrações. As mensagens são claras — concluiu o velho monge.

— E as escolhas também — acrescentou Andy.

O ar em volta deles estava agitado pela aproximação da turbulência de um jato que voava diretamente para baixo deles. Andy sabia que ele tinha apenas segundos para fazer uma pergunta para Phil. Andrew queria confirmar uma suspeita.

— Por que você está aqui? Quem você veio encontrar?

Phil sorriu e respondeu rapidamente.

— Robert. Ele é uma criança de quatro anos viajando no segundo avião. Ele queria sentir o que havia causado lá em Hiroshima. Ele não tinha de fazer isso, existiam incontáveis outros meios que ele podia aprender e equilibrar o seu carma. Mas era uma escolha dele. Ele sentiu que esse seria o único modo de fazer sua própria jornada pessoal de evolução. Ele tinha de abandonar sua culpa, e percebeu que esta seria a melhor maneira de fazer isso.

— Bem como eu pensei — disse Andy, em seguida perguntando a Jacob por quem ele estava ali.

— Yoriko. Talvez eu consiga chegar até ela antes dos outros sujeitos. Ela é um dos seqüestradores. Sua raiva a levou para a raiva. Sua necessidade de vingança trouxe-a de volta à Terra nas vibrações da fúria e do ódio. Talvez, apenas talvez — gritava ele para superar o ruído do motor do avião — eu possa tocar em sua necessidade de perdoar. Deseje-me boa sorte — disse o espírito instantes antes de o prédio explodir em chamas.

29

A Nova Era

Esta sala era mais do que branca. Ela emanava uma radiação fluorescente que, a princípio, anulava os sentidos.

Esta sala não tinha limites. O chão sem junções ou terminações, o teto e as paredes alcançavam o infinito, irradiando luz pura e intensa.

Esta sala era diferente da vazia e estéril zona neutra onde Andy encarou espíritos dos dois lugares — o "especial" e o "outro". Ela vibrava de vitalidade enchendo de energia e vigor um Andy emocionalmente exausto.

Ele tinha chegado ao fim de sua jornada. Suas dúvidas foram respondidas e era hora de descobrir o que estava por vir. Ele ouvia uma voz suave e familiar. Era Eva. Embora ele não pudesse vê-la, Andy estava feliz que fosse ela quem o recebia ali.

— Então nos encontramos de novo — brincou Andy.

— Estou feliz que tenha conseguido, apesar de ter havido um ou dois momentos em que pensei que não conseguiria.

Ele riu e admitiu que houve momentos em que ele também achou que não conseguiria.

— Mas, apesar de tudo, estou aqui e estou pronto.

Eva sabia que ele estava.

O descobrimento estava para começar ali naquele espaço de luz. Andy descobriria que sua longa e por vezes dolorosa jornada através da dúvida tinha valido a pena.

— Eu sei que você está cansado de ouvir isso, mas tenho

de começar de algum lugar: não importa o que os espíritos fazem ou deixam de fazer, a vibração da Terra está mudando.

Ela lembrou a Andy sobre o Jardim do Éden e disse que uma "espada flamejante" estava vagarosa mas firmemente descendo na Terra.

— Essa espada flamejante manterá de fora os espíritos cuja vibração não esteja afinada com a nova Terra. Como o Éden, os espíritos que lá não podem mais viver terão de partir.

Antes de fazer sua primeira pergunta, Andy avisou que ele tinha questionado isso antes, mas "você não respondeu". Ele esperava receber "uma resposta direta agora".

Eva riu com sua franqueza. Ela estava certa de que Andy seria um grande confortador. Ele não ficava escolhendo as palavras e ia direto ao ponto.

"Ele não coloca uma charada dentro da outra", brincou consigo mesma.

— Faça sua pergunta — convidou Eva. — Provavelmente não respondi quando você perguntou porque...

Andy interrompeu-a, fazendo uma careta e imitando-a:

— ...porque eu não estava pronto. Mas eu estou pronto agora. Quero saber o que acontece com aqueles que não conseguem passar pela "espada flamejante".

— Como Adão e Eva, eles vão para algum outro lugar. Existem muitos outros mundos na Criação. Há lugar para todo mundo. Isso se chama evolução. Evolução do planeta e dos espíritos. O Universo não fica parado, então por que a Terra ficaria? Por que os espíritos ficariam? Existem espíritos na Terra e outros mundos que não precisam mais aprender com os espíritos menos desenvolvidos ao seu redor. Chegou a hora, como eu me lembro de dizer, de separar o trigo do joio.

Andy assentiu e ia dizer alguma coisa, mas desta vez era Eva que o interrompia para lhe dar "um importante esclarecimento".

— Não é punição; é conseqüência. Não é danação eterna; é uma outra chance de crescer. Assim é que são progresso e mudança.

Uma outra voz invisível falou, e Andy imediatamente reconheceu o Mestre Run-Chi. O calmo e inabalável monge disse a Andy que a próxima fase na Terra não deveria ser uma surpresa:

— Os alertas têm soado quase desde o início dos tempos.

E ele provou isso recitando uma velha mas algumas vezes esquecida lição passada há muitas gerações:

"Os espíritos das pessoas malévolas que são levados a cada dia pela morte e de todos aqueles que se esforçam em barrar o progresso serão excluídos da Terra e forçados a encarnar em outro lugar. Eles serão mandados para mundos inferiores, menos avançados que a Terra, e serão encarregados de executar missões difíceis e trabalhosas, que fornecerão a eles os meios para progredir, além de contribuírem também para o avanço de seus irmãos de mundos inferiores, ainda menos avançados que eles."

Andy também se lembrava das palavras que estudou quando era um rabino. Eram os salmos de Davi. As palavras cantaram em sua alma, a beleza poética dos salmos sempre cativou o Andy rabino, especialmente quando Davi louva o Deus eterno:

..."Desde a antigüidade fundaste a Terra, e os céus são obra das tuas mãos.

Eles perecerão, mas tu permanecerás. Todos eles, como um vestido, envelhecerão. Como roupa os mudarás, e ficarão mudados.

Mas tu és o mesmo, e os teus anos nunca terão fim.

Os filhos dos teus servos continuarão, e a sua descendência ficará firmada perante ti..."

Os salmos trouxeram conforto a Andy, dizendo a ele que Deus era eterno e todos os espíritos são parte dele.

— Há uma razão e propósito para tudo que está embaixo do céu — lembrou Andy.

E a razão e propósito da Terra estavam mudando, mas a razão e propósito dos espíritos são sempre constantes, para evoluírem e se tornarem unidos ao Criador:

"Mas tu és o mesmo, e os teus anos nunca terão fim.

Os filhos dos teus servos continuarão, e a sua descendência ficará firmada perante ti..."

Eva materializou-se ao seu lado, informando-lhe que havia chegado a hora de dar uma espiada na Nova Era.

Nem ansiedade nem apreensão percorreram seu espírito. A ansiedade flui da dúvida e a apreensão do medo, mas aqui, no espaço da luz, Andy não tinha nenhuma dúvida e não sentia nenhum medo.

— Vamos começar onde você quiser — ofereceu ela. — O que você gostaria de saber?

Ele queria saber muito. Tinha tantas perguntas... Então, como sempre fazia, Andy decidiu começar com o óbvio.

— A nova Terra será o paraíso?

Eva esperava que essa fosse sua primeira pergunta. Era bem típico dele. Andy sempre ia direto ao assunto e não se importava se alguém pensasse que ele era ingênuo ou estúpido por perguntar o que parecia tão óbvio.

Com um sorriso, Eva sacudiu a cabeça.

— A resposta curta é não. Paraíso é quando um espírito se une à Criação. Deixe-me dar a você uma amostra de como a "Nova Era" vai ser.

Ela fez uma pausa de alguns poucos segundos, deliberadamente escolhendo suas palavras para elaborar a descrição.

— Vou começar com os espíritos que terão permissão de encarnar lá. Lembra-se de quando falei sobre espíritos inferiores, que precisam de orientações claras e firmes e escolhas fáceis, porque eles ainda não têm o seu livre-arbítrio desenvolvido?

Ele fez que sim com a cabeça, lembrando do Holocausto, quando uma nação inteira seguiu e obedeceu a líderes que lhes davam respostas simples, fáceis.

— A nova Terra vai ser uma primeira parada, ou um mundo iniciante, para espíritos que não têm que escolher.

Andy esperava mais. Ele notou que Eva estava tentando tornar tudo o mais simples possível e agradeceu por isso. Ele sentia que havia passado a fase da "charada dentro da charada".

— Quando você sabe o que é certo, você não precisa escolher. Quando você sabe o que é certo, ninguém tem de explicar o certo e o errado. Se você sabe que roubar, por exemplo, é errado, você não rouba. Não é uma questão de escolha, mas uma questão de instinto.

— Aí está aquela palavra de novo... instinto — observou Andy.

Uma outra peça do quebra-cabeça se encaixou no lugar. Desde o início ele sabia que o instinto era o alicerce para o crescimento espiritual do homem.

— Quando espíritos encarnaram pela primeira vez na Terra — disse Andy —, eles eram norteados pelo instinto. Com o passar do tempo, eles lentamente desenvolveram a razão e a escolha. O que você está dizendo — ele queria ter certeza de que tinha entendido bem — é que os espíritos controlaram seus instintos e aprenderam com as escolhas. Para eles, escolha e instinto se tornaram uma coisa só.

A guia irradiou pura felicidade. Ela expressou seu prazer genuíno com o progresso de Andy, dizendo a ele que tinha aprendido muito em pouco tempo. Então, de forma concisa, ela descreveu os espíritos que iriam encarnar na nova Terra:

— Eles serão espíritos que sabem. Eles não precisam escolher.

Andy silenciosamente refletiu sobre aquelas palavras e tirou o que ele pensava ser uma conclusão lógica e racional. Ele via a Terra onde as lições de tentação não mais seriam ensinadas.

— Tentações do ego e orgulho são apresentadas para que os espíritos possam aprender. Se não há necessidade de aprender, não há necessidade para aquele tipo de lição.

Andy ansiosamente esperou pela confirmação de Eva.

— Você entendeu, garoto — respondeu Eva, dando a ele outro de seus sorrisos largos e prosseguindo com a descrição dos espíritos da nova Terra: — Ao invés de divididos por suas diferenças, serão unidos por suas semelhanças.

— E a pobreza? — perguntou Andy rapidamente.

Rápido também veio a resposta de Eva:

— Olhe para a Terra. Há fartura de tudo e ninguém precisa passar fome ou necessidade. A pobreza é causada pela cobiça, mas a razão por trás da pobreza — Eva piscou, lembrando a ele os ensinamentos do Mestre — é o carma. Mas na Nova Era as pessoas vão repartir tudo instintivamente, porque saberão que é o certo a se fazer.

Andy perguntou sobre seu assunto favorito: religião. Ele queria saber se a nova·vibração traria uma fé unificada, acabando com as contradições, distorções e intolerância que infestavam a atual vibração.

A guia enfaticamente disse que nas vibrações mais elevadas não existia religião, mas a nova Terra não seria parte dessas vibrações mais altas.

— Ela será uma vibração onde grupos diferentes de espíritos aprendem uns com os outros. Não vai haver nenhuma religião, mas vai haver uma forma simplificada de religião.

Pela primeira vez desde que começou a sessão de perguntas e respostas, Andy estava confuso. Ele não entendeu o que significava "uma forma simplificada de religião". Eva começou audaciosamente a traçar as linhas de uma nova e real espiritualidade.

— Um cristão precisa saber que o Cristo mensageiro disse para amar ao próximo como a si mesmo. O resto é irrelevante — começou Eva a esboçar.

— A única coisa que um judeu precisa saber é que Moisés ensinou que havia só um Deus para todas as pessoas. O resto é irrelevante — seu rascunho de palavras começava a tomar forma.

— Os budistas precisam saber que Buda ensinou que devemos nos desprender de nosso orgulho, ego, cobiça e ambição material. O resto é irrelevante. — A imagem dela agora já se formava.

— A única coisa que um muçulmano precisa saber é que a guerra santa que o profeta ensinou não é uma batalha com as outras crenças. É a conquista de nosso próprio mal, tentações e orgulho. O resto é irrelevante — a imagem da nova espiritualidade estava quase pronta.

— E — dando as pinceladas finais em seu retrato — a única coisa que um ateu precisa entender é que nós, não um deus distante, somos os responsáveis por nossas atitudes. O resto é irrelevante.

Andy viu a figura completa da nova Terra em frente a ele. Era um mosaico de diferentes espíritos indo juntos para aprender uns com os outros. Ele viu, refletida na tela de Eva, uma nova espiritualidade e os espíritos da Nova Era vivendo uma vida simples e menos complicada.

Simples. Ele se lembrou de que essa palavra mais uma vez lhe alertava de uma ligação com alguma outra coisa. Ele estava certo de que a ligação surgiria cedo ou tarde. Então, ao invés de ficar ocupado na tentativa de descobrir o que era, Andy perguntou se haveria um governo ou uma nação.

— Os espíritos vão aprender com suas diferenças ao invés de se sentirem ameaçados por elas. Nações vão existir não para dominar, mas para governar. Hoje, os governos impõem regras e disciplinas, policiando sua população e mantendo exércitos. Isso não é governar. Nações da Nova Era vão existir para o benefício de todos. E, antes que você pergunte, economias vão existir, mas ao invés de as pessoas trabalharem por suas economias, as economias vão trabalhar pelo progresso e evolução de todas as pessoas.

A guia havia conseguido esclarecer bem a Andy e ela sabia que ele estava se esforçando para fazer uma ligação com alguma coisa que ela dissera antes. Ela decidiu acelerar sua memória repetindo uma simples frase: *simples e ignorante*.

— É isso! — gritou Andy, mas ele queria que Eva organizasse seus pensamentos para ele.

— A vida na Nova Era será simples, mas não ignorante. Os espíritos lá encarnados serão simples. Poder, posição social, dinheiro, apego aos bens materiais e necessidade não vão significar nada. Mas eles não serão ignorantes. Eles terão consciência do motivo pelo qual encarnaram. Eles vão saber que estão na Terra para evoluir. Eles terão seus testes e lições, mas serão diferentes.

Ela perguntou a Andy se ele sabia por quê.

Andy tinha certeza de sua resposta.

— Os espíritos da nova Terra terão escolhas, mas não terão de escolher. Instintivamente, eles saberão separar o certo do errado. Eles serão simples em suas escolhas, mas não ignorantes do porquê. Os espíritos encarnados na nova Terra serão espíritos avançados que são simples, mas não ignorantes.

Eva sentiu que era hora de dizer adeus. A próxima jornada de Andy estava para se iniciar. Mas, antes de partir, ela lhe deu mais uma amostra da nova Terra.

— Haverá uma mudança física, porque os novos espíritos vão habitar corpos leves e menos físicos. E o planeta terá de suportar menos pessoas, já que a maioria dos espíritos não vai passar pela transição.

Em seus últimos momentos juntos, ela retirou a camada final da cebola.

— Nada disso é concreto. O Universo está criando as condições para a Nova Era. A criação está montando o palco. A forma como os espíritos vão atuar nesse palco depende deles. Como sempre, a escolha é deles.

O tempo estava se acabando. Ela então falou para ele sobre a missão de confortador.

— Isso também não é concreto. Você pode fazê-lo do jeito que quiser. Você está lá para ajudar a prepará-los para a mudança. Quanto mais espíritos você levar para a nova Terra, melhor. Tire um espírito da escuridão e terá levado uma geração para a luz. Você pode trabalhar através da política, pode se tornar um líder de uma nação, um estado ou uma cidade, ou você pode se tornar um líder de uma seita religiosa. Quem sabe, você pode trabalhar com comunicações, como um escritor, diretor ou produtor de cinema. Ou você pode se esquecer da missão e deixar para lá. Isso também acontece.

Do nada, ele mais uma vez ouviu a voz de Run-Chi, dizendo-lhe que ele agora estava pronto para dar a Andy a segunda razão por trás da separação.

— Eu também separei você de seu orgulho e ego, assim nós podemos falar com você durante sua encarnação. Nós sempre estaremos em contato. Veja os sinais e ouça seus sonhos. Seremos nós, sempre presentes e prontos para inspirá-lo.

Mas cabia a Eva dar a Andy as palavras finais, e ela as escolheu, como disse Run-Chi, para inspirá-lo.

— Ensine-os a confiar. Conte a eles que não há nada a temer. Mostre-lhes o todo da Criação e a singularidade de seus espíritos. Se você fizer isso, Andy, você vai realmente ter confortado a humanidade.

O tempo acabou.

Eva se foi.

O Mestre também.

E também Joshua, Phillip, Jacob e Josef. Mas, na Terra, Andrew sentiria a presença deles durante todos os seus dias e noites.

E, na frente dele, Andy viu a espada flamejante do Éden se aproximando lentamente. Uma Nova Era estava começando.

30

Andy sabe

A mulher sacode seu marido sonolento.

Ele estava atrasado, do contrário ela deixaria que ele continuasse a dormir. Ele parecia tão em paz e, dormindo, ele tinha até mesmo um sorriso em seu rosto. Seu sonho deve ter sido um dos bons, ela pensou.

— Hora de levantar! — Sua voz sussurrante penetra em sua inconsciência. — Hora de se aprontar para o trabalho. Você vai se atrasar — insistia ela.

Andrew lenta e relutantemente abriu seus olhos. Levou alguns momentos até que ele se desse conta de que estava em seu quarto. Sua mente ainda se apegava às imagens e vozes de seu sonho. Elas estavam gravadas em sua memória. Elas eram reais. Elas tinham acontecido. Tudo de repente fez sentido. O que ele sempre havia suspeitado, de uma forma ou de outra, era verdade.

O rapaz de vinte e seis anos vivia com estranhas suspeitas e dúvidas. Ele nunca se adaptara a nada, quer fosse na escola, no trabalho ou com amigos. Ele entreabriu um olho: seu relógio marcava 7h15. O início de mais um dia.

Sua mulher tinha virado para o outro lado e voltado a dormir. Ele se esticou na cama, boiando entre a consciência e o estado de vigília, revivendo seu último sonho.

Era, como os outros, nítido, vivo e real.

Ele se lembrou da sala branca. Ele sabia que era um lugar de aprendizado.

Ele se lembrou das vozes de professores invisíveis e as poderosas idéias que provocavam.

Ele se lembrou de viver eventos dolorosos e entender o que eles significavam.

Ele se lembrou de tudo e sabia que tudo era real.

Ele tinha vinte e seis anos e, de uma hora para outra, sua vida tinha um sentido. Ele sabia que não estava sozinho. Havia milhares como ele espalhados pelo mundo.

Alguns eram políticos. Ele sentia que sabia quem eram.

Alguns eram homens religiosos. Ele sabia quais eram e quais não eram.

Alguns eram escritores, diretores e atores de cinema. Ele os conhecia por suas mensagens.

— Estamos por todos os lugares — murmurou sonolento para sua mulher.

— Quem? — perguntou ela.

— Os confortadores — respondeu Andrew.

— Ah, 'tá...

Ela sorriu para o marido, que ainda dormia.

— Levante, está na hora de ir para o trabalho.

Hora de ir para o trabalho...

Andrew sabia como ela estava certa.

Fim

Sucessos de ZIBIA GASPARETTO

Crônicas e romances mediúnicos.
Mais de sete milhões de exemplares vendidos.
Há mais de dez anos Zibia Gasparetto vem se mantendo na lista dos mais vendidos, sendo reconhecida como uma das autoras nacionais que mais vende livros.

Crônicas: Silveira Sampaio

- PARE DE SOFRER
- O MUNDO EM QUE EU VIVO
- BATE-PAPO COM O ALÉM
- O REPÓRTER DO OUTRO MUNDO

Crônicas: Zibia Gasparetto

- CONVERSANDO CONTIGO!

Autores diversos

- PEDAÇOS DO COTIDIANO
- VOLTAS QUE A VIDA DÁ

Romances: Lucius

- O AMOR VENCEU
- O AMOR VENCEU *(em edição ilustrada)*
- O MORRO DAS ILUSÕES
- ENTRE O AMOR E A GUERRA
- O MATUTO
- O FIO DO DESTINO
- LAÇOS ETERNOS
- ESPINHOS DO TEMPO
- ESMERALDA
- QUANDO A VIDA ESCOLHE
- SOMOS TODOS INOCENTES
- PELAS PORTAS DO CORAÇÃO
- A VERDADE DE CADA UM
- SEM MEDO DE VIVER
- O ADVOGADO DE DEUS
- QUANDO CHEGA A HORA
- NINGUÉM É DE NINGUÉM
- QUANDO É PRECISO VOLTAR
- TUDO TEM SEU PREÇO
- TUDO VALEU A PENA
- UM AMOR DE VERDADE
- NADA É POR ACASO
- O AMANHÃ A DEUS PERTENCE
- ONDE ESTÁ TERESA?

Sucessos de LUIZ ANTONIO GASPARETTO

Estes livros vão mudar sua vida!
Dentro de uma visão espiritualista moderna, estes livros vão ensiná-lo a produzir um padrão de vida superior ao que você tem, atraindo prosperidade, paz interior e aprendendo acima de tudo como é fácil ser feliz.

- ATITUDE
- FAÇA DAR CERTO
- SE LIGUE EM VOCÊ *(adulto)*
- SE LIGUE EM VOCÊ - nº 1 *(infantil)*
- SE LIGUE EM VOCÊ - nº 2 *(infantil)*
- SE LIGUE EM VOCÊ - nº 3 *(infantil)*
- A VAIDADE DA LOLITA *(infantil)*
- ESSENCIAL *(livro de bolso com frases de auto-ajuda)*
- GASPARETTO *(biografia mediúnica)*
- PROSPERIDADE PROFISSIONAL
- CONSERTO PARA UMA ALMA SÓ *(poesias metafísicas)*
- PARA VIVER SEM SOFRER

- Série AMPLITUDE:

1 - Você está onde se põe
2 - Você é seu carro
3 - A vida lhe trata como você se trata
4 - A coragem de se ver

CALUNGA
- Um dedinho de prosa
- Tudo pelo melhor
- Fique com a luz...
- Verdades do Espírito

OUTROS AUTORES

Conheça nossos lançamentos que oferecem a você as chaves para abrir as portas do sucesso, em todas as fases de sua vida.

LOUSANNE DE LUCCA:

- ALFABETIZAÇÃO AFETIVA

MARIA APARECIDA MARTINS:

- PRIMEIRA LIÇÃO - "Uma cartilha metafísica"
- CONEXÃO - "Uma nova visão da mediunidade"
- MEDIUNIDADE e AUTO-ESTIMA

VALCAPELLI:

- AMOR SEM CRISE

VALCAPELLI e GASPARETTO:

- METAFÍSICA DA SAÚDE:

vol. 1: sistemas respiratório e digestivo

vol. 2: sistemas circulatório, urinário e reprodutor

vol. 3: sistemas endócrino *(incluindo obesidade)* e muscular

MECO SIMÕES G. FILHO:

- EURICO um urso de sorte (infantil)
- A AVENTURA MALUCA DO PAPAI NOEL

E DO COELHO DA PÁSCOA (infantil)

RICKY MEDEIROS:

- A PASSAGEM
- QUANDO ELE VOLTAR
- PELO AMOR OU PELA DOR...
- VAI AMANHECER OUTRA VEZ
- DIANTE DO ESPELHO

MAURÍCIO DE CASTRO (pelo espírito Hermes):

- O AMOR NÃO PODE ESPERAR

LEONARDO RÁSICA:

- FANTASMAS DO TEMPO - Eles voltaram para contar
- LUZES DO PASSADO

MÁRCIO FIORILLO (ditado por Madalena):

- EM NOME DA LEI

MARCELO CEZAR (ditado por Marco Aurélio):

- A VIDA SEMPRE VENCE
- SÓ DEUS SABE
- NADA É COMO PARECE
- NUNCA ESTAMOS SÓS
- MEDO DE AMAR
- VOCÊ FAZ O AMANHÃ
- O PREÇO DA PAZ
- PARA SEMPRE COMIGO

MÔNICA DE CASTRO (ditado por Leonel):

- UMA HISTÓRIA DE ONTEM
- SENTINDO NA PRÓPRIA PELE
- COM O AMOR NÃO SE BRINCA
- ATÉ QUE A VIDA OS SEPARE
- O PREÇO DE SER DIFERENTE
- GRETA
- SEGREDOS DA ALMA
- GISELLE - A amante do inquisidor
- LEMBRANÇAS QUE O VENTO TRAZ

LUIZ ANTONIO GASPARETTO EM CD:

Aprenda a lidar melhor com as suas emoções para conquistar um maior domínio interior.

- **Série PRONTO SOCORRO:**

1 - Confrontando o desespero
2 - Confrontando as grandes perdas
3 - Confrontando a depressão
4 - Confrontando o fraacasso
5 - Confrontando o medo
6 - Confrontando a solidão
7 - Confrontando as críticas
8 - Confrontando a ansiedade
9 - Confrontando a vergonha
10 - Confrontando a desilusão

- **Série VIAGEM INTERIOR (n° 1, n° 2 e n° 3):**

Por meio de exercícios de meditação mergulhe dentro de você e descubra a força da sua essência espiritual e da sabedoria. Experimente e verá como você pode desfrutar de saúde, paz e felicidade desde já.

- **Série GASPARETTO:**

- Prosperidade

- **Série CALUNGA:**

- Prece da Solução

Série PALESTRAS:

- S.O.S. Dinheiro
- Mediunidade
- O Sentido da Vida
- Os Homens
- Paz Mental
- Romance Nota 10
- Segurança
- Sem Medo de Ter Poder
- Simples e Chique

- **Série REALIZAÇÃO:**

Com uma abordagem voltada aos espiritualistas independentes, eis aqui um projeto de *16 CDs* para você melhorar.

Encontros com o Poder Espiritual para práticas espirituais da prosperidade.

Nessa coleção, você aprenderá práticas de consagração, dedicação, técnicas de orações científicas, conceitos novos de força espiritual, conhecimento das leis do destino, práticas de ativar o poder pessoal e práticas de otimização mental.

- **Série VIDA AFETIVA:**

1 - Sexo e espiritualidade
2 - Jogos neuróticos a dois
3 - O que falta pra dar certo
4 - Paz a dois

- **Série LUZES:**

Coletânea de 8 CDs, nos volumes 1 e 2.

Por meio de curso ministrado no Espaço Vida & Consciência, pela mediunidade de Gasparetto, os espíritos desencarnados que formam no mundo astral o grupo dos Mensageiros da Luz, revelaram-nos os pode-res e mistérios da Luz Astral, propondo exercícios para todos aqueles que querem trabalhar pela própria evolução e melhoria do planeta.

- **Série ESPÍRITO:**

1 - espírito do trabalho
2 - espírito do dinheiro
3 - espírito do amor
4 - espírito da arte
5 - espírito da vida
6 - espírito da paz
7 - espírito da natureza
8 - espírito da juventude
9 - espírito da família
10 - espírito do sexo
11 - espírito da saúde
12 - espírito da beleza

- **Série PALESTRA:**

1 - Meu amigo, o dinheiro
2 - Seja sempre o vencedor
3 - Abrindo caminhos
4 - Força espiritual

LUIZ ANTONIO GASPARETTO EM DVD:

- **O MUNDO EM QUE EU VIVO:**

Palestra com o espírito Calunga, um desencarnado muito especial que nos conta coisas incríveis sobre a vida depois da vida e sobre as leis eternas.

ESPAÇO VIDA & CONSCIÊNCIA

É um centro de cultura e desenvolvimento da espiritualidade independente.

Acreditamos que temos muito a estudar para compreender de forma mais clara os mistérios da eternidade.

A Vida parece infinitamente sábia em nos dotar de inteligência para sobreviver com felicidade, e me parece a única saída para o sofrimento humano.

Nosso espaço se dedica inteiramente ao conhecimento filosófico e experimental das Leis da Vida, principalmente aquelas que conduzem os nossos destinos.

Acreditamos que somos realmente esta imensa força vital e eterna que anima a tudo, e não queremos ficar parados nos velhos padrões religiosos que pouco ou nada acrescentaram ao progresso da humanidade.

Assim, mudamos nossa atitude para uma posição mais cientificamente metodológica e resolvemos reinvestigar os velhos temas com uma nova cabeça.

O resultado é de fato surpreendente, ousado, instigador e prático.

É necessário querer estar à frente do seu tempo para possuí-lo.

Luiz Antonio Gasparetto

Maiores informações:

Espaço Vida & Consciência • SP:
Rua Salvador Simões, 444 • Ipiranga • São Paulo • SP
CEP 04276-000 • Fone Fax: (11) 5063-2150
Espaço Vida & Consciência • RJ:
Rua Santo Amaro, 119 • Bairro da Glória • Rio de Janeiro • RJ
CEP: 22211-230 • Fone Fax: (21) 3509-0200

E-mail: espaco@vidaeconsciencia.com.br
Site: www.vidaeconsciencia.com.br

EDITORA VIDA & CONSCIÊNCIA GRÁFICA

INFORMAÇÕES E VENDAS:

Rua Agostinho Gomes, 2312
Ipiranga • CEP 04206-001
São Paulo • SP • Brasil
Fone / Fax: (11) 6161-2739 / 6161-2670
E-mail: editora@vidaeconsciencia.com.br
Site: www.vidaeconsciencia.com.br